김용현의 평화로 가는 길

김용현 지음

박영사

프롤로그

이 둥근 세계에
평화를 주십사고 기도하지만
가시에 찔려 피나는 아픔은
날로 더해갑니다.

평화로 가는 길은
왜 이리 먼가요.
…

이해인 수녀님의 시 '평화로 가는 길'이다.

이해인 수녀님의 시를 좋아하지 않는 사람이 거의 없겠지만 나도 그 중의 하나다. 이해인 수녀님의 그 많은 시 가운데서도 특별히 이 시를 좋아하게 된 것은 종교적이고 문학적인 수사를 뛰어넘어 평화를 기원하는 수녀님의 간절한 염원이 너무나 큰 공감을 주기 때문이다.

얼마나 더 어둡게 부서져야
한 줄기 빛을 볼 수 있는 건가요.

멀고도 가까운 나의 이웃에게
가깝고도 먼 내 안의 나에게
맑고 깊고 넓은 평화가 흘러
마침내 하나로 만나기를
간절히 기도하며 울겠습니다.

민주화운동이 뜨거웠던 80년대를 지나면서 국내외 지식인들 사이를 관통하는 화두는 통일을 넘어 평화였다. 미국에 와서 40년을 지내고 있는 내 인생의 후반기도 그러했다. 평화를 말하고 평화를 쓰고 평화를 기도하며 살아왔지만, 그러나 그것은 고작 나의 인생의 푯대였을 뿐 아무 흔적이 없는 것을 안다.

얼마나 더 낮아지고 선해져야
평화의 열매 하나 얻을지
오늘은 꼭 일러주시기 바랍니다.

분단 76년을 넘기고 있는 슬프고 슬픈 우리 민족만이 아니라 아시아와 중동 심지어는 초강대국 미국에서도 조차 인종 간 종교 간 빈부 간의 격한 부딪침으로 오늘도,

가시에 찔려 피나는 아픔은
날로 더해갑니다.
평화로 가는 길은
왜 이리 먼가요.

그러나 이해인 수녀님은 평화가 더딘 일을 결코 남의 탓으로 돌리지 않는다. 그리고 서두르지도 않는다. 그러면서

얼마나 더 어둡게 부서져야
한줄기 빛을 볼 수 있는 건가요.

사무엘 베게트의 '고도를 기다리며'에서 블라디미르와 에스트라공은 한없이 '고도'를 기다린다. 너무 지루해서 기다림을 멈추고 떠나겠다고 말은 하지만 결국 떠나지 못하고 기다림을 이어간다. 이 땅 위에 온전한 평화는 없다고 말하는 사람도 있는가 하면 전쟁 없이 평화가 온 적이 없다는 억장 무너지는 소리를 하는 사람도 있다. 그러나 평화는 온다. 평화는 평화의 방법으로…

인생에서 중요한 것은 속도나 업적이 아니라 방향이라는 말에 의지하며 평화가 온다는 믿음으로 여기까지 살아왔다. 평화를 기다리며—그 방향은 이해인 수녀님의 '평화로 가는 길' 덕분이다.

평화로 가는 길이 아프고 힘들었지만 그래도 그 길을 가야했던 것은, 그 길이 평화였기 때문이다. 떠밀려온 미국

생활 40년 동안 평화를 위해 동료들과 함께 고민했던 생각들, 미주중앙일보와 미주한국일보 독자들과 나누었던 평화 담론들, 라디오 코리아 청취자들과 주고받았던 이야기들 그리고 해외 여러 곳을 다니며 그곳의 동포들과 토론했던 격정들을 모아 책으로 만든다.

독자들과의 공감을 위해서지만, 그보다는 평화로 가는 길 위에서 과연 내 마음도 늘 평화였는지, 평화를 지향한다고 하면서 남에게 불화를 준 적은 없었는지를 돌아보고 싶은 마음이 컸다. 그리고 또 평화로 가는 남은 여정에 실족하거나 변절하지 않게 해달라는 나의 간절한 기도의 뜻도 담겨 있다.

오랫동안 우정을 이어온 박영사 안종만 회장님이 '멀리서 가까이서'에 이어 두 번째 출판을 허락해 주신 고마움을 잊지 못하고, 내용보다 훨씬 평화스럽고 아름다운 책을 편집해 주신 노현 이사님과 배근하 과장님께 감사드린다. 그리고 고달프고 힘든 이민 가정을 굳건하게 평화로 지켜 준 나의 사랑하는 아내가 너무 고맙고, 언제나 응원해 준 나의 아들과 며느리, 딸과 사위에게도 땡큐, 땡큐!

'평화 평화로다 하늘 위에서 내려오네
그 사랑의 물결이 영원토록 내 영혼을 덮으소서'

2021년 6월 1일
Los Angeles에서 저자 김용현

차 례

제3장 지구촌의 평화

제4장 한인사회의 빛과 그림자

제5장 길 따라 사람 따라

제6장 살며 뉘우치며

제 1 장

평화의 마음으로

아물지 않는 상처

이라크 전에 참전했다가 돌아온 친구의 아들은 요즘 부쩍 전사한 동료들 생각에 밤잠을 설친다고 한다. 소대장으로 복무했던 그는 처음에는 그가 살아 돌아와 부모를 다시 만난 것만으로 기쁘고 감격스러웠으나 지난 메모리얼데이를 맞아 전사한 부하들 가정을 일일이 방문하고 돌아온 다음부터는 밤마다 전쟁터의 굉음과 전사자들의 모습에서 벗어나지 못한 채 악몽에 시달리고 있다고 한다.

그의 손목에는 부모의 안쓰러움에도 불구하고 전사한 부하들의 이름이 적힌 팔찌가 언제나 끼워져 있는데 그들의 죽음을 잊지 말자고 다짐은 하면서도 정작 누가 전쟁에 대해서 물어오거나 그때의 기억을 되살리는 일에 부닥치는 것은 매우 싫어하고 있다고 한다.

지금 미국에는 이라크나 아프카니스탄전에 참전했다가 돌아온 군인들이 17만 8,000명가량 있다고 하는데 그들 대부분이 정도의 차이는 있으나 이와 같은 전쟁 후유증(Post Traumatic Stress Disorder)의 증세를 갖고 있으며 치료를 받고 있는 군인은 25%에 불과하다고 한다.

언젠가 AP통신에 소개되었던 제임스 블레이크 하사의

경우도 그 대표적인 예다. 고향인 켄터키주로 돌아온 그는 군에서 받은 훈련과 경험을 살려 경찰이 되고 싶었으나 전쟁후유증 환자라는 낙인이 찍혀 좌절을 맛보고 만다. 그리고 그는 어느새 반전주의자로 변했고 그를 찾아온 고향후배에게 했다는 말이 우리의 귓전을 때린다.

"전쟁은 얼굴도 모르는 적에게서 총격을 받고 이해관계도 없는 인간을 무참히 죽이는 것이다. 전쟁에서 상대방을 죽이지만 죽이는 것은 결국 자신의 영혼이다."

이처럼 전쟁터에서 전우의 죽음을 목도한 군인들은 평생 동안 그 상처를 가슴에 안고 살아가고 있는 것이다. 아프카니스탄에서 미군을 철수시키겠다는 바이든 대통령의 발표는 늦었지만 다행한 일이다.

한국의 역사에서도 6월은 전쟁과 평화의 명암이 엇갈리는 계절이다. 300만 명의 사망자와 1,000만 명의 이산가족을 기록한 6·25전쟁이 일어난 것은 71년 전의 일이었는가 하면 남과 북의 정상이 다시는 한반도에서 전쟁을 일으키지 말자고 선언한 6·15 공동성명은 스물한 번째 기념일을 맞는다.

그 사이에도 한반도 문제는 엎치락뒤치락 우여곡절도 많았지만 평화정착과 민족의 통일로 이어지는 이 거대한 물줄기는 이제 어느 누구도 거역할 수 없는 역사의 대명제가 되고 말았다.

노자는 그의 저서 '도덕경'을 통해 굳셈보다는 부드러움으로 강함을 제압한다는 뜻의 '이유제강(以柔制强)'을 가르쳤다.

예수는 악을 악으로 갚지 말라고 했으며 태공은 남을 해치고자 하면 자신이 먼저 다친다고 했다. 전쟁은 모두를 패자로 만드는 일이며 인류가 저지르는 최악의 범죄행위다.

다시는 우리의 젊은이들에게 그 아물지 않는 상처를 남기지 말아야 한다.

아버지는 그때 뭘 하셨나요?

그날은 유대인학살의 지명수배 1호였던 나치전범자가 68년 만에 체포되었다는 기사가 신문에 나온 날이었다. 제2차 세계대전 중 유대인 1만 5,700명을 학살하는 데 가담한 혐의를 받고 있던 97세의 라즐로 차타리는 궐석재판으로 사형선고를 받고 계속 도피생활을 해오다가 그의 고향 부다페스트에서 붙잡혔다는 것이다.

그 영화의 나치전범도 헝가리 출신이었는데, 나는 언젠가 서울에서 보고 온 뒤 감동을 받아 곧 비디오를 사두었던 영화 '뮤직 박스'를 보고 또 보고했다. 다시 떠오르는 유대인 학살의 악몽과 몇 년 전 동유럽 여행을 하면서 들러보았던 부다페스트 거리와 다뉴브 강 주변의 풍경들이 묘하게 교차돼 온다.

1989년 코스타 가브라스 감독이 만든 영화 '뮤직 박스'는 미국에 사는 한 헝가리 이민자 가족의 고통스런 기억을 찾아내는 이야기를 담고 있다. 영화가 시작되면 조그만 뮤직 박스에서 헝가리 민요풍의 주제가가 흘러나오고 여성의 가벼운 코러스가 이어지면서 관객들로 하여금 깊은 추억으로 빠지게 만든다.

제시카 랭이 연기하는 마이크 라즐로는 40년 전 600만 유대인을 사살한 나치 경찰의 한 사람으로 고발당한다. 68년 만에 붙잡혔다는 차타리와 너무나 똑같은 행적이다. 무죄를 주장하는 아버지의 변호를 맡은 앤은 여러 가지 힘든 증거 수집과 대질 심문 끝에 상대편이 증거를 위조한 사실을 밝혀내 승소한다.

그러나 아버지에 대해 석연치 않은 점이 있었던 앤은 고향인 부다페스트를 찾아가 많은 피해자와 증인을 만나던 중 아버지 친구가 전당포에 맡겨놨던 낡은 뮤직 박스를 찾아오게 된다. 그리고 그 뮤직 박스의 뚜껑을 열자 놀랍게도 그동안 몰랐던 아버지의 잔혹한 만행이 흑백사진으로 줄줄이 튀어 나온다.

끝내 잘못을 인정하지 않는 아버지에 대한 절망감, 핏줄과 진실 사이에서 고뇌하던 앤 변호사는 마침내 그 모든 흑백 사진들을 검사에게 보내며 아버지를 고발하고 만다. "아버지는 그때 뭘 하셨나요?" 비명에 가까운 딸의 절규가 영화가 끝난 뒤에도 오랫동안 귓속에서 떠나지를 않는다.

박근혜 대통령이 전에 새누리당 비상대책위원장으로 있을 때 '5·16은 돌아가신 아버지로서는 불가피한 최선의 선택을 하신 것'이라고 한 발언이 정치권을 크게 흔들었던 기억이 난다. 당시 야권의 대선주자들은 물론 여권주자들마저 일제히 나서 '헌정을 총칼로 유린하고 권력을 찬탈한 행위는 누가 뭐래도 쿠데타'라며 맹공격을 퍼부었었다.

같은 딸이면서 아버지의 만행을 고발한 앤 변호사와 아

버지의 쿠데타를 옹호하던 박근혜 전 대통령이 비교되었다. 변호사와 정치인의 차이일까? 아니면 정의감과 역사인식의 차이일까? 그럼에도 불구하고 그때 박근혜 전 대통령이 사는 길은 아버지의 잘못을 털고 가는 것이었는데 우물쭈물하다가 불행하게 그 자신도 역사의 뒷전으로 밀려나고 말았다.

우리의 일상에서는 그런 폭력적이며 정의롭지 못한 삶의 흔적은 없었는지 돌아봐야 한다. 그리고 화해와 통합이 아니라 분열과 갈등의 주역이 된 적이 없었는지도 끊임없이 성찰해봐야 한다. 여러 인종과 더불어 살기로 작정하고 이 땅에 온 우리가 오히려 피부색을 들춰내며 그들을 비하한 적은 없었는가. 그러다가 지금 역으로 그들에게 증오의 대상이 된 것은 아닌가.

이 시대 이 땅에서 살아가고 있는 우리들에게 다인종 사회의 화해와 함께 분단된 민족의 통합이라는 벅찬 사명이 있는 것을 잊지 말아야 한다. 살기 바쁘다는 이유로 또는 무의식중에라도 행여 역사의 방관자나 훼방자는 되지 말아야 한다. 민주주의를 중요한 가치로 여기며 성장한 우리들 자녀들에게서 행여 '아버지는 그때 뭘 하셨나요?'라는 질문을 받을 때 우리는 떳떳해질 수 있어야 한다.

8살 소년이 남긴 평화의 메시지

2013년에 있었던 일이다. 그 해 보스턴 마라톤대회에서 폭탄 테러가 발생한 이후 미국이 테러공포에 휩싸였었다. 당시 희생자 중 한 사람인 8살 소년 마틴 리쳐드가 남긴 평화의 메시지가 두고두고 우리들 가슴을 울리고 있다. 'No more hurting people— Peace', '더 이상 사람을 해치지 마세요' 이 땅에 살고 있는 우리들 모두의 절박한 호소다.

마틴의 담임선생이 페이스북에 올려 세상에 알려진 사진 속의 이 글은 그 해 4월 학교행사에서 마틴이 직접 써서 들고 있는 팻말의 글이다. "더 이상 사람들을 해치지 마세요" 평화 팻말을 들고 있는 소년의 얼굴이 너무나 해맑은 표정이다. 테러범들은 왜 이 소년의 목숨을 앗아간 것일까?

테러용의자에 대한 검거작전이 신속히 마무리된 것은 그나마 다행한 일이었다. 용서받지 못할 이 끔직한 사건의 용의자가 이민자라는 사실은 그 또래 청소년들을 키우고 있는 우리 모든 이민가정에도 충격을 주고 있다.

그때는 오바마 행정부가 10년 동안 중동지역에서 벌여

왔던 테러와의 전쟁에서 군대를 철수하며 출구를 모색하고 있는 중이었기 때문이다. 미국 정부는 기회의 땅 미국이 위기의 땅이 되지 않도록 테러 방지와 총기 규제 등 안보에 더욱 최선을 다해야 할 것이다. 그러나 그렇다고 해서 실패한 과거의 방법으로 되돌아가지는 말아야 한다.

9·11테러 이후 세계는 제1세계와 제3세계 간에 심각한 갈등에 직면해 있다. 새뮤얼 헌팅턴 교수가 예측한 대로 냉전 이후 세계는 이데올로기 충돌에서 문명의 충돌로 크게 번지고 있다. 그 갈등이 행여라도 이번 보스턴테러로 심화되지 않기를 바란다. 그것은 미국의 안보를 뛰어넘어 인류의 안녕과 세계의 평화를 지키기 위해서다.

미국은 세계에서 가장 강한 나라다. 그래서 미국은 부러움의 대상이 되고 있지만 또한 질투의 대상, 때로는 증오의 대상이 되기도 한다. 그런 미국이 평화를 위한 봉사와 희생과 인내를 지체 없이 실천해야 할 때이다. 빼앗겼다고 생각하는 이슬람권 등 소수계층의 억울한 응어리에 좀 더 유연한 자세로 접근하여 돌파구를 마련해 주어야 한다.

다시 팍스 로마나 정신을 이어가는 문화적 강국의 자리로 돌아가야 한다. 코로나 시대를 극복해 가는 동안 배타적이며 국가주의적인 자세를 버리고 이민자들을 부정적으로 보는 협량에서 벗어나 이민자들이 미국의 문화와 가치관을 받아들이며 포용과 개방이라는 훌륭한 전통을 함께 세워나가고 있는 긍정적인 점을 인식해야 한다.

이슬람사회도 지난 시기의 분노와 한을 털어버리고 이제

새로운 미래에 걸맞는 방향으로 나가야 한다. 서구체제에 대한 무조건적 저항과 인명을 경시하는 폭력적 수단을 지양하고 '그들이 평화를 원하면 너희는 그들을 평화로 받아들일지어다'라고 한 코란의 평화 사상에 돌아가기 바란다.

우리가 서로 인종과 종교나 문명의 다름을 극복하지 않는 한 지구상에 분쟁과 테러는 끊이지 않을 것이다. 평화의 세상을 만들기 위해 비상한 노력을 해야 한다. 흑백 분쟁도 아시안 혐오 범죄도 어서 끝이 나야 한다. 그러기 위해서도 총기 규제는 반드시 이루어져야 한다. 어떻게 총기 업자들 돈에만 의지해 정치를 하려는 집단이 미국에 있는가? '더 이상 사람들을 해치지 마세요' 마틴군의 외침을 잊어서는 안 된다.

어느 화해(和解)

한인 타운 내 한 호텔에서 조금은 이색적인 기자회견이 있었다. 타운에서 얼굴이 익숙하게 알려져 있었으나 서로 삿대질을 하는 사진이 신문에 실릴 정도로 그동안 사이가 좋지 않았던 두 사람이 이번에는 화해와 화합을 하는 기자 회견이라고 했다.

많은 신문, 방송기자들이 취재하는 가운데 한 분이 먼저 준비된 회견문을 읽어 내려갔다. '민주국가와 사회에서는 다양한 이념과 주장이 존재하는 사실에 적극 동의하면서 그동안 저 자신의 부적절한 언행에 대하여 생각해 보았습니다. 서로 다른 이념적 가치를 존중함에 있어서도 저 자신 스스로 소홀했던 점이 없지 않았나 고민해 보았습니다.'

이 분으로서는 어느 때보다 부드러운 음성으로 회견문 낭독은 이어졌다. '이 자리를 빌려 그동안 상대방과 서로 다른 이견으로 인하여 서로의 관계가 본래의 뜻과는 다르게 불미스럽고 갈등하는 관계로 비춰진 데 대하여 미주 한인사회에 유감의 뜻을 표하는 바입니다. 또한 본인의 우발적 흥분 속에 부적절한 용어를 사용하여…(중략) 했다고 주장한 발언들에 대하여 사과의 뜻을 전하며 너그러운 이해를 바랍니다.'

이어서 다른 분이 마이크를 잡았다. '오늘 상대방께서 저에게 공개적으로 밝혀주신 그동안의 오해에 대한 사과를 본인은 받아드리며 상대방으로서는 결코 쉽지 않은 결정이었을 것으로 생각합니다.' 그런 다음 결연한 표정으로 읽어 내려간 회견문은 '우리의 목적은 단 하나입니다. 우리의 조국, 대한민국이 남과 북이 평화스럽게 통일되어 더욱 융성한 대한민국을 만드는 일입니다. (중략) '우리 미주 한인사회나 한국사회에 고질적으로 뿌리내리고 있는 지역 갈등, 남남 갈등, 남북 갈등을 치유하는 데 상호 모범이 되는 모습을 보여주었으면 하는 마음이 간절합니다.'라고 결론을 맺은 다음 이어서 두 사람이 서로 껴안고 환하게 웃으며 사진을 찍는 것으로 이날 기자회견은 모두 끝이 났다.

한 분은 재향군인회장을 지낸 김봉건 씨이고 다른 한 분은 민주평통 LA 협의회장을 역임한 차종환 씨였다.

그날은 마침 이 땅에 용서와 화해라는 화두를 남겨놓고 세상을 떠나신 김대중 대통령의 삼우제가 있었던 날이었고, 오후에는 타운에서 도종환 시인이 '화(和)의 정신에 대하여'라는 문학 강연회가 준비되어 있는 날이었다.

용서와 화해, 우리가 행하기도 어렵거니와 함부로 말하기조차 어려운 벅찬 과제다. 우리는 정말 자기로 인해서 손해를 봤거나 아픔을 겪은 사람에게 다가가 진정으로 용서를 빌 자신이 있는가? 그리고 그런 상대방의 모습 앞에 진정으로 용서를 받아들이고 그와 화해할 자신이 있는가?

신앙심이 깊은 종교인들에게도 결코 쉽지 않은 일이다.

그러나 우리는 그 일을 해야 한다. 돌아서서 생각이 달라질지라도 그 일을 해야 하고, 돌아서서 생각이 달라지지 않도록 자기를 단련하고 자기 인격을 걸고 맹약해야 한다.

한반도의 통일이 독일처럼 흡수통일이 될 수도 없지만 북한식의 적화통일이 될 수도 없고, 절대로 그래서는 안 된다는 것은 이미 국민적인 합의가 된 일이다. 그럼에도 불구하고 이민을 떠나올 당시의 멸공통일 개념에서 벗어나지 못한데다가 서울에서 아침저녁으로 전해진 수구 언론인들의 목소리로 한인사회는 너무나 시대정신이 왜곡되고 갈등이 깊어진 점이 많이 있었다.

두 분의 살신(殺身)적인 화합이 이 갈등을 잠재우는 계기가 된다면 그날은 실로 한인사회의 역사적인 날이 될 수도 있을 것이다.

핏줄의 힘, 연대의 힘

입양된 부모 밑에서 성장하고 또 더러는 성공도 한 사람들이 커서 굳이 친부모를 찾아 나서는 장면을 때로 목격한다. 키운 부모와 낳은 부모 사이에 자칫 갈등이 일 수도 있는 일인데 헤어진 자식들은 왜 그래야만 하는가 — 입양은 아니었으나 자식들을 미국에 데려와 키우는 이민자 부모들에게는 특별한 느낌이 있다. 대체 핏줄은 무엇이길래?

2014년 1월 알츠하이머병으로 정계를 은퇴해 7년간이나 투병생활을 하던 신호범 의원의 부음을 듣는다. 살아계셨을 때 직접 만난 적이 있었는데 그분의 이야기를 듣다 보면 그 해답이 나온다. 한국전쟁의 소용돌이에서 5살 때 고아가 된 신호범 소년은 거리의 부랑아로 떠돌다가 고마운 미군병사를 만나 유타주로 입양이 되고 대학교 교수에, 워싱턴주 5선의 상원부의장까지, 입양아 출신으로는 드물게 보는 성공사례였다. 그렇게 성공한 신호범 의원에게도 꼭 풀고 지내야 할 일이 있었다.

서울에 가서 자기를 버린 아버지를 만나 왜 그때 자기를 버렸는지 — 그 사연을 듣고 싶었다. 그러나 서울 갈 적마다 번번이 자리를 피하던 아버지는 어느 날 불시에 찾아간

아들 앞에서 '그때 살길이 없어 너를 할머니한테 맡겨놓고 머슴살이를 떠났다'는 고백을 하고는 부자 간에 뒤엉켜 펑펑 눈물을 흘리며 화해를 이루었다고 한다. 그 일이 있은 뒤 신호범 의원은 자기를 버렸던 아버지와 새어머니 그리고 5명의 이복형제들을 모두 미국에 초청해 같이 살았다. 화해는 사랑의 첫걸음이다.

신호범 의원은 미국정치인으로서만이 아니라 정치를 하려는 한국계 이민자들과 입양된 젊은이들에게는 대부(代父) 같은 존재였다. 입양아들이 초청을 하면 미국 어디라도 달려가 그들에게 용기를 불어 넣어주었고 선출직 정치를 하려는 젊은이가 있으면 직접 가서 선거운동의 기본부터 차분하게 가르쳐 주는 열성을 보여주었다. 신호범 의원의 꿈은 미국에 한국계 대통령이 나오는 일이었다. 신호범 의원을 잃은 것은 한인사회에 큰 손실이다.

태어난 지 얼마 안 된 쌍둥이가 있었는데 그 중의 한 아이는 건강이 너무 안 좋아 인큐베이터 속에서 혼자 죽음을 기다리고 있었다. 이 아이를 불쌍히 여긴 간호사가 어느 날 같이 태어난 형제끼리 정이라도 나누라는 뜻에서 병원의 수칙을 어기며 두 아이를 한 인큐베이터 속에 넣었다. 그러자 건강한 아이가 자신의 팔을 뻗어 아파하는 아이를 포옹하는 일이 벌어졌고 이 때 놀랍게도 건강이 나빴던 아이의 심장박동도 체온도 모두 정상으로 돌아오는 기적같은 일이 일어났다고 한다. 언젠가 본 세계토픽에 나온 이야기였는데 사랑하는 사람끼리 안아준다는 것, 포옹한다는 것이 얼마나 큰 힘을 발휘하는가를 보여주는 교훈이었다.

이민자들에게 고국은 어머니이자 어머니 나라다. 지난해 봄 한국에서 코로나 19가 번지기 시작했다는 소식을 접하고 LA의 여러 단체장들이 한자리에 모였었다. 그래서 그때 가장 어려움을 겪고 있는 대구 시민들에게 물질적인 도움을 전하기로 했는데 남가주호남향우회가 그 일에 앞장섰던 일은 영호남의 화합으로 더욱 의미가 있어 보였다. IMF 시기에 이어 국난을 극복하는 일에 해외동포가 모국과 연대하는 자랑스런 전통을 이어가고 있었던 것이다.

지금은 아시안 이민자에 대한 증오범죄가 전국으로 번지고 있다. 이럴 때야말로 우리 한인 사회의 모든 구성원들과 단체들이 이 범죄를 규탄하는 캠페인에 나서야 하고 나아가 모든 아시안 이민자들과 연대해 하나의 목소리를 내야 한다. 핏줄의 힘, 연대의 힘은 위대하다. 합치면 큰 힘이 되고 서로 포옹하면 죽은 생명도 살릴 수 있는 것을 보았기 때문이다.

벗어 버려야 할 남루한 옷들

해가 바뀔 무렵이 되면 사람들은 한 번쯤 집안 정리를 하고 싶어진다. 이민 올 때 가지고 온 것이라며 별 의미 없이 끌고 다니는 옛날 물건들, 쌀 때 사두자며 마구 욕심내서 샀다가 결국은 처박아 두고 있는 살림도구들, 신발장 안에 잘 보관은 하고 있지만 별로 신어본 기억이 없는 오래된 신발들—이런 것들을 찾아내 해가 가기 전에 상큼하게 정리를 해봐야 한다.

그 중에서도 옷이 제일 그렇다. 버리기는 아깝고 그렇다고 1년 내내 한 번도 입어 본 적이 없는 옷은 보관은 잘 되어 있을지 몰라도 이미 자기 옷이 아니다. 그와는 반대로 미국에서 옷값이 얼마나 싼데, 해지지 않았다고 해서 한 번 입은 옷을 버리지 못하고 그 옷에만 집착하는 것도 썩 좋은 습관은 아니다. 남루한 옷 속에 남루한 생각도 찌들어 있기 때문이다.

연말에 교회에서 목사님들이 자주 인용하는 성경 구절이 있다. '썩어져 가는 구습을 따르는 옛사람을 벗어버리고 오직 너희의 심령이 새롭게 되어 새사람을 입으라'는 가르침이다. 법정스님은 '사람은 때로 낡은 생각, 낡은 습관에서 훌훌 털어내고 나와야 다시 새롭게 시작할 수 있으며 그래야만 놓쳤던 나의 삶, 나의 빛깔을 다시 찾을 수 있다'고 일러 준다.

종교에서 말하는 새 사람, 새 옷에는 특정한 의미가 있기는 하다. 그렇더라도 사람들은 자기 생각, 자기 습관을 좀처럼 바꾸지 못한다. 교육으로, 훈련으로, 신앙으로 사람을 바꿀 수는 있지만 그렇게 해서 바꿀 수 있는 건 극히 일부분에 지나지 않는다. 법정스님은 '버리고 떠난다는 것은 자기가 살던 집을 훌쩍 나오라는 것이 아니라'고 했지만 혹 그런 걱정을 해서는 아닐까…

세상은 빠르게 바뀌어 분단체제에서 평화체제로 가고 있는데 70여 년 동안이나 반공주의와 안보상업주의에 쩌들은 낡은 옷을 입고 있는 일부 사람들은 지금도 자기 마음에 안 들면 서슴없이 좌경이니 주사파니 빨갱이니 하며 사실을 적시하지 못한 채 함부로 남을 공격하고 있다. 오랫동안 지녀온 자기 생각을 바꾸는 날 '자기'도 없어지고 '자기가 살던 집'도 없어진다는 강박관념에서 '자기'를 지키려는 필사적인 안간힘으로 보인다.

그들은 입만 열면 '북한이 비핵화를 할 것 같으냐', '북한이 적화통일의 꿈을 접을 것 같으냐'는 등의 걱정을 감추지 못한다. 보수가 지키고자 했던 길이 고작 반공주의와 안보상업주의였는데 그 대상인 주적이 사라지려는 상황을 예상하지 못해 그런 염려를 하고 있다면 참으로 안쓰러운 노릇이다. 안보의 개념도 '싸우는 안보'에서 '협력하는 안보'

로 전환되고 있는 시대에 과거의 안보를 내세워 전쟁을 추구하는 세력이 있다면 그건 보수도 아니다.

그렇다고 해서 보수에게만 문제가 있는 것은 아니다. 적대적 공생관계 속에서 남과 북이 살아 왔듯이 진보도 보수가 있을 때 존재 가치가 있어 왔는데 건전한 보수가 없다면 진보는 자칫 방향을 잃을 수가 있다. 최근 문재인 정부의 진보 정책에 혼선이 있은 것은 거기에서 연유한다. 모두가 다시 정체성을 만들어 가야 한다. 보수는 무슨 가치를 지킬 것이며 진보는 무엇으로 국민의 마음을 얻고 어디를 향해 나아가야 할 것인지 분명하게 보여줘야 한다.

우리는 본능적으로 새로운 것에 적응하기보다는 이미 적응돼 있는 생각과 행동을 할 때 더 편함을 느낀다. 그러나 그 편안함에서 벗어나 오래된 생각을 버리려는 결단과 함께 새로운 생각을 수용하려는 진취력과 상상력이 없이는 개인도 국가도 발전할 수가 없다. 새해에는 우리 모두 누더기 같은 남루한 옷과 남루한 생각을 과감히 벗어버려야 한다. 벗어 버리되 온전히 벗어버려야만 온전히 다른 새것으로 채울 수가 있다.

분열과 증오의 정치

대통령 선거일을 불과 며칠 남겨놓고 미국이 극심한 분열과 증오로 몸살을 앓고 있었다. 버락 오바마 전 대통령과 힐러리 클린턴 전 대통령후보 등 다수의 민주당 유력인사들, 심지어는 민주당의 거물 후원자인 조지 소로스의 집과 반트럼프 성향의 언론사 CNN 뉴욕지국에까지 폭발물이 든 소포가 배달돼 미국 정가를 발칵 흔들어 놓았다.

공교롭게도 이들은 그동안 트럼프 대통령으로부터 수차례 말 폭탄 세례를 받은 사람들이었고 붙잡힌 용의자는 트럼프 대통령의 열성 지지자였다는 데에 문제가 심각하다. 거기에다 주말에 유대인을 겨냥한 총기난사로 9명이 사망하는 사건까지 발생해 기름에 물을 부은 격이 되었다. 뉴욕 타임스는 '미국이 이제 돌이킬 수 없을 정도로 양극화된 정치 지형을 보였다'고 지적했다.

이번 폭탄 소포 소동이 선거 막판에 민주당에 유리하게 될 것이라는 전망이 우세했지만 1992년 12월 한국 부산에서 있었던 초원복집 사건의 경우처럼 트럼프를 지지하는 세력들이 위기설을 퍼뜨리며 보수층의 결집을 유도한다면 오히려 공화당에 유리하게 작용할 것이라는 관측도 있었다. 그러나 결과가 그렇지 못하자 끝내 폭도들이 의사당에 난입하는 미국헌정사상 초유의 사건이 벌어졌다.

미국의 정치는 그렇다 치고 한국정치에서의 분열과 증오는 이제 거의 일상화 돼가고 있다는 데 참담한 느낌이 든다. 대통령의 탄핵과 동시에 그 대통령을 배출한 보수야당도 국민들로부터 제척당한 것이 사실인데 한 번도 반성은 커녕 사사건건 개혁에 반대를 하고 막말소동만 벌이더니 이제는 평화로 가는 길목에 바리케이드를 쳐놓고 아예 들어 눕고 말았다. 어쩌자는 건가.

2017년 이맘 때만 해도 북한은 동해 상공으로 쉴 새 없이 대륙 간 탄도미사일을 쏴 올리고 청와대는 새벽마다 지하벙커에 모여 '무모한 도발을 즉각 중단하라'고 소리쳤으며 미국은 공공연히 북한에 선제 타격을 실행하려던 그런 전쟁 1보 전의 상황이었다. 그런데 오늘은 JSA에서 무기가 철수되고 휴전선 내 감시초소가 철거되는, 실로 격세지감의 현실이 전개되고 있다.

하늘이 도와 남북의 지도자가 손을 잡고 국제사회가 지원해 주는 가운데 전쟁의 한반도를 핵 없는 한반도, 평화와 번영의 한반도로 만들어 가고 있는 중이다. '우리의 소원은 통일, 꿈에도 소원은 통일'이라고 외치며 70여 년 동안을 광야에서 헤매던 민족이 마침내 평화의 한반도를 만들어 가자는데 진보와 보수가 따로 있고 여당과 야당의 생각이 달라서는 안 된다.

청와대가 평양공동선언과 남북합의서를 비준 의결한 것

을 두고 위헌이라고 생떼를 쓰고 나서는 모습은 도저히 국민의 동의를 받기 어려울 것이다. 그렇다고 이에 대처하는 청와대의 자세도 국민을 불안하게 만들기는 마찬가지다. '조만간 여야 대표를 청와대로 초청해 판문점선언의 비준 동의를 설득할 것'이라는데, 왜 진즉 그런 자리를 마련하지 못했는지가 아쉽다.

동족 간의 분열과 증오는 과거 식민통치를 해왔던 제국주의자들이나 강대국들이 바라고 있는 일이다. 그래서 분열과 증오는 반민족 행위에 다름없다. 언제까지 남이 좋아할 일만 하고 있을 것인가. 더 이상 낡아 버린 보수나 자기도취에 빠진 진보를 내세워 분열과 증오를 증폭시키지 말아야 한다.

아예 남북 간 화해를 반대하는 국내 보수우파나 남북관계 진전이 굳이 북미관계보다 뒤에 와야 한다고 고집하는 미국 내 강경세력마저도 할 수만 있다면 설득하고 같이 가야 한다.

북미대화가 지체되고 있다고 해서 남북이 손을 놓고 있거나 생각을 바꿀 필요는 없다. 프란치스코 교황이 문재인 대통령을 만나 일러준 말이 용기와 희망을 준다. '멈추지 말고 앞으로 나아가라, 두려워 하지마라' — 그래야만 분단 극복의 이 소중한 기회를 놓치지 않는 길이며 마침내 분열과 증오의 정치를 끝마치게 되는 길이기 때문이다.

여럿이 꾸는 꿈은 현실이 된다

링컨 기념관은 워싱턴 DC의 중심부를 흐르는 포토맥 강변에 자리 잡고 있다. 동쪽을 향해 멀지 않은 곳에 워싱턴 기념탑이 있고 그 너머 일직선상에는 국회 의사당 건물이 보이는데 거기까지 이르는 긴 공원과 연못 주변으로 지금쯤 낙엽이 소복이 쌓여 있을 것만 같다.

이곳이 바로 지난 1963년 8월 28일, 마틴 루터 킹목사가 노예해방 100주년을 맞이해 수십만 군중 앞에서 명연설을 했던 장소다. 링컨 기념관으로 올라가는 앞쪽의 계단에는 그때 마틴 루터 킹 목사가 했던 유명한 연설문 "I have a dream"이라는 글자가 새겨져 있다.

"나에게는 꿈이 있습니다. 내가 겪어야 했던 고난을 내 아이가 겪지 않고 피부색깔 대신 인격으로 평가를 받는 그런 꿈을 가지고 있습니다"

그의 소박한 꿈은 계속된다. 흑인에 대한 잔학행위가 없어지고 정의가 강물처럼 흐르고 노예의 아들과 주인의 아들이 형제처럼 같이 살게 되는 꿈을 이야기한다. 그런데 그때 겨우 두 살밖에 되지 않았던 오바마가 그로부터 45년 뒤에는 그들의 대통령이 되었고 친구가 되었다.

오바마는 마틴 루터 킹목사를 바로 떠올리게 한다. 그의 비전도 꿈이기 때문이다. 그는 온몸으로 아메리카의 꿈을 노래한다. 오바마는 마틴 루터 킹목사가 그랬듯이 그의 꿈도 "젊은 사람들과 노인들, 부유한 사람들과 가난한 사람들, 민주당원들과 공화당원들, 피부색이 검거나 희거나 모든 사람들이 함께 갈 때 비로소 이루어진다"고 말했다.

오바마의 꿈은 바로 우리 한인사회의 꿈이기도 했었다. 돌아보면 우리 한국인처럼 외국인에 편협하고 배타적인 백성이 없었다. 우리가 한국을 떠나 오기 전인 60년대, 70년대에 화교들에게 가해졌던 그 몰인정한 차별정책을 보며 살아온 우리는 이 땅에 와서도 스스로 "분리된 소사회", "만년 이방인"을 자처하며 다른 인종과는 담을 쌓고 지나고 있었다. 그래서 능력이 있는 젊은 사람마저도 주류사회에 진출하기보다는 한국 정치에 참여하려는 것을 더 쉽게 생각하였고 그 결과 이민역사에 비해 오랫동안 정치인 배출이 취약했다.

그러나 오바마가 최초의 흑인대통령이 되던 같은 날, 어바인시에서 강석희라는 한인1세가 캘리포니아 최초의 한인계 시장에 당선됨으로서 우리는 우리 스스로가 쳐놓았던 그 높은 담을 훌쩍 뛰어넘었던 기억을 갖고 있다.

우리 한인사회의 꿈은 국민통합을 이루려는 오바마와 그를 이은 바이든의 꿈처럼 이 땅에 같이 살고 있는 모든 인종들과 함께 화합과 협력을 이루어 나가면서 우리 이민사회가 경제적으로도 안정되는 일이며 우리 민족도 그와 같이 통합이 되는 일이다.

사람들은 누구나 꿈을 꾼다. 어젯밤에도 대부분의 이민자들은 살고 있는 미국이 아니라 두고 온 고향과 부모님 만나는 꿈을 꾸었거나 혹은 고단한 삶의 현장과 그것이 회복되는 꿈을 꾸었을런지도 모른다.

우리는 더 나은 한인사회를 위한 꿈을 꾸자. 혼자 꾸면 역시 꿈에 불과하지만 여럿이 꾸면 그것이 반드시 현실이 될 수 있다는 사실을 우리는 알았기에 함께 꿈을 꾸어 나가자.

힘들고 어려운 '적과의 동침'

줄리아 로버츠가 주연을 했던 영화 '적과의 동침'에서 로라는 자기를 너무나 힘들게 했던 남편 마틴에게 총을 쏘아 넘어지게 함으로써 결국 '적'은 자기편이 아닌 것으로 끝나고 만다. 그럼에도 불구하고 사람들은 마음에 내키지 않았던 그와의 '잠자리'에 무게를 두며 그것이 '공생'이었던 것으로 기억하고 있다.

경제 강국으로 부상하고 있는 중국이 요즘 홍콩과 신장지구의 위그르족 사태로 심각한 도전을 맞고 있다. 그렇지 않아도 티베트족과의 사이에 있었던 갈등이 미처 가라앉기도 전에 발생한 위그르 족과의 분쟁은 한족이 맞불까지 지피는 가운데 마침내 20년 만의 최대 유혈사태로 번지면서 중국내 소수 민족문제가 다시 세계인의 주목을 받게 되었다.

중국은 주류인 한족 외에도 55개 소수민족으로 구성된 다민족 국가인데 그 소수민족 가운데는 장족, 만주족, 먀오족 순의 인구 분포를 보이고 있으며 조선족은 192만 명으로 13위를 차지하고 있다. 그러나 인구수로는 중국의 전체인구 12억 4천만 가운데 소수민족은 모두 합쳐 봐야

8.4%에 불과하지만 이들이 살고 있는 면적은 국토의 64%에 해당하는데다 그들 소수민족들이 대체로 변방에 살고 있다는 점에 중국의 심각한 고민이 있는 것으로 보인다.

이 방대한 지역에 걸쳐 소수민족들을 거느리고 아슬아슬하게 공존해 나가는 중국을 향해 서방세계는 근본적으로 문제를 해결하라고 손가락질을 하지만 중국으로서는 하루아침에 차별대우를 개선하기도 어렵고 더군다나 지금 소수민족들을 독립시킬 수도 없어 과연 중국의 이 이질적인 타민족 간의 '적과의 동침'은 언제까지 지속될 수 있을지에 관심이 모아지고 있는 것이다.

그 점에서는 우리가 살고 있는 미국이나 떠나온 한국이나 다함께 중국을 비난만 할 수 없는 입장에 있는 것은 비록 차이는 있더라도 두 나라 모두 같은 모양의 동병상련을 앓고 있기 때문이다. 바이든 정부가 해결해야 할 난제 중에 흑백 문제, 아시안 증오범죄 대책 등이 들어 있다.

한국도 나날이 급증하고 있는 국제결혼과 외국인 이주노동자 숫자를 보면 이미 다민족사회에 깊숙이 들어와 있음을 실감하게 한다. 타인종과 공존의 시기가 짧으면서도 적지 않은 문제점이 드러나고 있는 이유는 단일민족의 특성대로 다른 민족에 대해 심한 배타성이 컸다는 사실 때문이다. 거기에다 비극적인 분단 역사의 결과로 민족끼리의 오랜 대결과 함께 남쪽 내에서의 지역 간, 이념 간, 빈부 간, 노와 사, 특별히 여와 야 간의 갈등이 이미 심각한 수준에 와 있기 때문이다.

이러한 인종 간이나 민족 내부의 갈등을 치유하기 위해서는 구성원의 학습효과가 절실하지만 그에 앞서 리더십의 아량과 진정성이 가장 중요한 요소로 꼽히고 있다. 한국 정치에서 지금 가장 아쉬운 대목은 바로 이 점이다. 어느 나라보다도 광대한 지식과 정보의 바다에 사는 한국 국민들은 진보와 보수가 다르고 정파가 다르면 원수도 그런 원수가 없는 이 각박한 현실이 너무 두렵다.

국민의 높은 지지 속에 출범한 문재인 정부가 임기 후반기에 지지도가 하락하고 있는 원인 중의 하나가 반대 정파나 그 지도자들과의 소통이 너무나 부족했다는 점이다. 청와대의 정무수석이라는 자리가 그 일을 마련하라는 자리인데 한결같이 함량미달의 자기 편 사람만 앉혔다가 화를 자초하고 말았다.

소수인종들을 포용해 주요 직책에 기용한바 있는 바이든 미국 대통령이 이제 외부로 눈길을 돌려 그렇게 해야 한다. 패권 경쟁을 벌이는 중국이나 러시아 그리고 북한과 이란과 중남미 등 적대 관계에 있던 모든 나라들에게 활발하게 손을 내밀게 되어야 한다.

진정성이나 자신감이 없는 지도자는 '적과의 동침'에서 승리할 수가 없다. '적'들과 공생하는 길은 참으로 힘들고 어려운 일이지만 자기 편 사람하고만 편하게 사는 것에 비해 그것은 매우 값진 일인 것을 알게 될 것이다.

승자(勝者)의 희생

멕시코의 동남부지방을 여행하다 마야문명 유적지 치첸 이차에 가면 돌계단으로 높이 쌓여있는 피라미드가 있고 그 옆에는 '전사의 신전'이라고 하는 공놀이 경기장이 있다. 지금은 우거진 잡초 속에 사방으로 돌기둥만 남아 있는 폐허지만 거기서 벌이던 공놀이에는 놀라운 이야기가 전해진다.

기원전 1,000년경부터 있었던 마야인들의 공놀이는 각기 7명씩 한 팀이 되어 손과 발은 쓰지 않고 머리와 무릎, 허리를 이용해 돌로 된 링속에 공을 넣으면 이기는 게임이었다. 경기를 마치고 나면 구경하던 부족장 앞에서 한 사람의 목을 베어 그 피를 대지에 뿌리는 의식을 치루는 데 그 때 목을 바치는 사람은 패자(敗者)가 아니라 놀랍게도 승자(勝者)의 주장이었다는 것이다.

목을 바치기 위해 게임에서 이기다니… 물론 그 당시의 공놀이는 그들의 종교적인 의식이었다고는 하지만 승자가 택한 그 난해한 희생을 곱씹어 보며 오늘날 우리주변에 만연된 승자의 독식(獨食)에 돌아와 본다. 강대국이 주도하는 세계질서도 그렇고, 경제를 일으키려는 모든 자본주의 국가들이 약한 자의 희생을 딛고 강한 기업체 위주로 가고 있는 모습에서도 그런 모습을 느낀다.

몇 년 전 한국은 전임 대통령의 자살이라는 전대미문의 비극을 겪었다. 그때를 돌아보면 이명박 대통령과 노무현 전 대통령 사이에는 운명적인 상관관계가 있었던 것으로 보인다. 이명박 대통령이 당선된 것은 누가 뭐래도 노무현 대통령이 인기가 없었던 데서 덕을 본 것이다.

그러나 곧이어 인수위원회의 패착(敗着)으로 이명박 정부가 초기부터 인기를 잃게 되었을 때 고향에 내려간 첫 번째 대통령인 노무현 전 대통령은 국민들로부터 큰 사랑을 받는다. 하지만 다시 상항은 역전돼 뇌물수수설이 퍼지면서 노무현 전 대통령의 인기는 급락하게 되고 마침내 이번에는 스스로 목숨을 던지는 첫 번째 대통령이 되고 만다.

누구도 짐작하지 못했던 현상은 세상을 떠난 뒤로 노무현 전 대통령의 인기는 하늘을 치솟듯 올라가고 살아 있는 이명박 대통령의 인기는 취임 후 가장 낮은 자리로 내려갔었다는 점이다. 그렇다고 해서 이명박 대통령을 패자(敗者)라고 부를 것인가. 아니다. 살아 있다는 것이 얼마나 소중한 가치인데 세상을 떠난 뒤 아무리 인기가 있다고 하더라도 떠난 사람보다는 살아 있는 대통령이 승자(勝者)임에 틀림없는 사실이다.

이명박 대통령이 그때 국민들에게 용서를 구하고 국민화합과 소통에 발벗고 나섰어야 했다. 그러면 지금 교도소에 가있지 않을 수도 있었다. 그러나 이명박 대통령은 자기가

져야 될 국민 화합과 소통이라는 십자가를 외면해 버렸다. 그리고 그는 노무현 전 대통령 지지자들을 조롱하고 비난함으로써 그 자신이 다시 패자의 자리로 옮겨 앉는 것이나 마찬가지였다.

패자가 떠난 무대에서 승자가 선택할 수 있는 길은 오만 아니면 겸손이다. 그러나 승자가 오만의 이빨만 번뜩인다면 그것은 아프리카의 정글세계와 다를 바가 없을 것이다. 마야 사람들이 그랬던 것처럼 목숨을 바치는 희생은 못하더라도 승자는 한없이 겸손하고 폭넓은 아량을 보여야 한다. 그것이 참으로 승자를 승자답게 만드는 길이며 인간이 사는 문명사회를 다른 것들과 비교되게 만드는 일일 것이다.

핏대 올리는 문인

글 쓰는 일이 직업이 아니면서도 나는 일찍부터 문인들과 교분을 가질 기회가 많이 있었다. PD 시절 주로 프로그램 출연자로 인연을 갖기 시작했는데 박목월 선생과는 특별히 가깝게 지내다가 후에 결혼식 주례까지 해주셨고 서정주 선생의 막걸리 냄새 풍기는 그 텁텁한 인상, 이원수 선생의 깔끔하고 학 같은 풍모, 그리고 외삼촌처럼 구수하고 자상한 인품의 윤석중 선생이 오랫동안 기억에 남아 있으나 지금은 모두가 고인이 되신 분들이다.

그중의 또 한분, 시조 시인 조종현 선생을 잊지 못한다. 작가 조정래 씨의 부친이기도 한 조종현 선생은 현대문학사상 드물게 보는 승려시인으로서 고등학교 국어선생으로 계시는 동안 각별하게 사랑을 베풀어 주셨던 분인데 몇 개 안 남은 머리카락을 바람에 날리시며 언제나 얼굴에 미소가 가시지 않던 선생의 모습은 그대로 부처의 형상으로 떠오른다.

그분들을 포함해 지금도 인사를 나누며 지내고 있는 주변의 문인들을 돌아보면 하나같은 특징이 있는데 그것은 대체로 모두가 성품이 온화하고 대인관계가 원만하다는 점이다. 글을 쓴다면서, 문인으로 알려져 있으면서 남과 늘 티격태격한다거나 글을 통해 남을 비방하는 일에 몰두하는 이가 있다면 그건 쉽게 상상이 가지 않는 일이다.

왜냐하면 문학은 그 자체가 인간의 궁극적인 문제, 즉 공동선(共同善)을 추구하면서 그 해답을 구하려는 작업이라고 본다면 거기에는 미쳐 악이나 증오가 개입될 틈새가 없기 때문이다. 그 점에서 문학은 인간의 구원을 목표로 하고 있는 종교와도 매우 비슷한 공통점이 있다고 볼 수가 있다.

중세기 문예부흥 이전까지만 해도 문학은 인간을 타락시키는 요물로 오인돼 종교와 대립되는 대상으로 여긴 적이 있었으나 문예부흥 이후 신(神) 중심에서 인간 중심의 사조로 바뀌면서 하나님의 사랑과 인간의 사랑이 만나게 되었고 그로부터 문학과 종교는 긴밀한 협력관계로까지 발전하게 되었던 것이다.

그래서 문학을 한다는 일, 그리고 어떤 형태의 글이라 할지라도 글을 쓴다는 일은 그대로 인간을 사랑하고 인간의 가치를 높혀 가려는 일임에 틀림이 없는데 만일 문학을 한다고 하고, 글을 쓴다고 하는 사람이 목에 핏대를 세우고 험담과 저주를 능사로 하고 있다면 그것은 여간 모순된 일이 아니다.

하기야 종교 지도자들 가운데도 이따금 서로 욕설을 퍼붓고 난투극까지 벌이는 모습이 다반사로 되어있는 세상이니 핏대 올리는 문인들만 나무랄 일은 아니다. 글을 통해서, 또는 강단에서 혼자 말할 수 있는 권한을 이용해 함부로 말한다거나 근거 없이 남을 비방하는 일을 한다면 그건 폭행이나 다름없는 일이다.

문학이 추구해 가려고 하는 인류의 보편적인 가치, 공동선이 무엇이겠는가? 그것은 곧 분열이 아니라 통합이고, 전쟁이 아니라 평화며, 증오가 아니라 사랑인 것을 우리가 안다. 글을 통해서 이러한 가치를 함양시켜 나가려는 의지가 있는 사람이어야 비로소 글 쓸 자격을 부여 받은 것이라고 할 수 있을 것이다.

언어를 사용하기 위해서는 많은 망설임과 생각이 필요하다고 했다. 그래서 진정한 작가는 하나의 단어에 특별한 가치를 부여하기 위하여 하루 종일 고심하기도 한다고 한다. 그리고 다른 사람에 대한 평가를 너무 쉽게 하면 공동체로부터 멀어지기 쉽다고 했다. 즐겁고 행복한 삶을 살아가자면 다른 사람에 대한 비판이나 평가는 비워두는 것이 좋다는 말은 그래서 나오는 말이다. 목에 핏대를 올리는 문인이 없는 세상이 좋은 세상이다.

평화를 위한 동행
-종교평화 시상식을 축하하며-

우리는 살아가면서 같은 길을 가는 '동행'을 여러차례 만납니다. 지난 달 이희호 여사가 펴낸 자서전의 제목도 '동행'이었지만, 한평생 부부의 인연으로 살아가는 '동행'에서부터 같은 취미생활 하는 친구들이거나 또 비슷한 시기에 미국에 와서 함께 이민생활을 해나가는 '동행'들도 많이 있습니다.

때로 우리는 지금 누구와 함께 동행하고 있으며 어디로 가고 있는지를 뒤돌아 볼 필요가 있습니다. 동행할 만한 사람과 갈 만한 곳으로 가고 있다면 비록 그 여정이 힘들더라도 기쁘게 걸어 갈 수가 있는 것일 것입니다.

성경에서 엠마오 마을로 가는 두 청년은 곁에 예수가 동행하고 있는 것도 모르고 절망과 실의에 빠졌었지만 민족의 명운이 걸린 이 일에 확신을 갖고 '평화로 가는 동행'에 함께 나설 때 그것은 분명 어느 것보다도 아름다운 동행이 되리라고 믿습니다.

그런데 오늘 이 자리에는 평화로 가는 길목의 '아름다운 동행'들이 자리를 같이 했습니다. 평화에 대한 기대와 열망이 어느 때보다 높은 지금, 때마침 미국에서도 변화의 바람이 크게 불고 있습니다.

그 바람은 바로 전쟁을 거부하는 평화의 바람입니다. 그리고 분열을 거부하는 통합의 바람이며, 있는 자만을 위한 세상이 아니라 모두가 고르게 살기 위한 사랑과 정의의 바람입니다.

이 역사의 전환기에 종교가 할 일이 분명히 있습니다. 오늘 이 자리가 바로 그 해답을 주는 자리라고 생각합니다. 종교가 참으로 인류사회를 분열시키고 갈등과 대립을 조장하는 도구가 아니라 평화와 안전을 보장하는 원동력이 될 수는 없습니까?

종교가 참으로 자기 세력만을 확장하기 위한 독선적인 이익집단이 아니라 다 함께 인류사회의 행복과 번영을 추구할 수는 없습니까?

종교가 끝내 종교적 편집성으로부터 해방되지 못하고 타종교에 대한 몰이해로부터 자유스러워지지 못하는 한, 종교가 인류의 평화에 기여한다는 꿈은 멀어질 수밖에 없습니다.

특별히 보수적인 일부 기독교 종파가 "땅 끝까지 이르러 복음을 전파하고 오직 기독교만으로 지구촌을 독점하겠다."는 생각에 사로잡혀 세계 인구 2/3에 해당하는 비기독교인을 부정하려는 정책을 바꾸지 않는다면 이 세상에서 전쟁은 사라질 수가 없습니다.

모든 종교인은 자기 종교를 객관적으로 돌아 볼 수 있어야 합니다. 그리고 다른 종교도 내가 나의 종교를 아끼는 것만큼 아끼고 존중할 수 있어야 합니다.

거기서부터 커뮤니티의 평화, 한반도의 평화, 그리고 세계의 평화를 이루어 갈 수 있다고 믿습니다.

그런데 그 일은 혼자 할 때 보다 여럿이 함께 할 때 빛이 난다고 하지 않습니까

미주종교평화협의회가 그 일을 하고 계신 것에 박수를 보냅니다. 그리고 편견이 난무하는 이 시기에 종교 간의 대화와 사회정의를 위한 실천으로 모든 종교인의 귀감이 되시어 오늘 첫 번째 "종교평화상"을 수상하게 되신 서울의 대한성공회 김광준 신부님께 더 뜨거운 박수를 보냅니다.

그리고 이 자리에 함께하신 "평화를 위한 모든 동행자들"에게도 같은 분량으로 환영과 축하를 드립니다.

"미움이 있는 곳에 사랑을, 다툼이 있는 곳에 용서를, 분열이 있는 곳에 일치를" 프란시스코의 "평화를 위한 기도"를 기억하면서 축하의 말씀을 마치고자 합니다. 감사합니다.

2008년 12월 9일

제 2 장

한반도의 평화

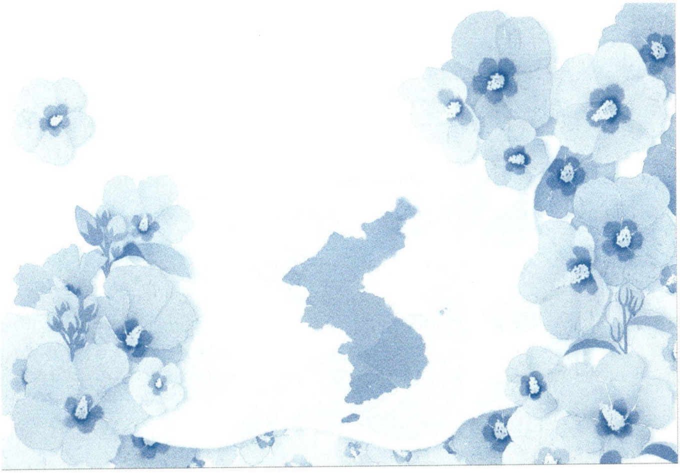

역사의 격랑 앞에서

1636년 추운 겨울 인조가 청나라 군사를 피해 도망 다니던 시절의 이야기를 그린 소설 '남한산성'을 읽다보면 눈물이 쏟아진다. 우리 임금이 엄동설한에 47일간이나 굶주리고 추위에 떨다가 결국 청 태종에게 무릎을 꿇고 세 번이나 절을 했던 병자호란의 추억, 그때로부터 갑신정변 때까지 조선은 청나라의 속국이나 다름없었다.

1895년 을미년 가을 일본 수비대와 낭인들이 야밤에 경복궁으로 쳐들어가 '민비' 명성황후를 살해하고 불태워 버린 사건을 생각하면 가슴이 떨린다. 그가 국정을 마음대로 주무르고 세도정치를 확장시킨 사악한 여걸이라는 부정적인 평가가 있기는 하다. 그렇더라도 남의 나라 황후를 무참히 살해하며 한반도 강점을 치밀하게 추진해 나간 일본의 그 천인공노할 만행에 눈을 감아서는 안 된다.

1910년 여름 일본이 한반도 강점에 성공하자 우리 선조들은 망국의 한을 달래기 위해 만주 등 해외로 유랑생활을 떠난다. 나라 없는 백성들이 해외에서 겪은 수모는 이루 말할 수 없었지만 그중에서도 러시아로 이주한 고려인(까레이스키)들의 수난사는 한민족 디아스포라의 가장 참담한 역사였다.

1937년 초겨울 블라디보스톡 등 연해주에 모여 살던 17만 명의 고려인들에게 일본의 첩자라는 누명을 씌워 시베리아를 거쳐 중앙아시아로 강제로 이주시킨 사건은 약소민족의 슬픈 과거다. 스탈린 치하에서 자행된 이 같은 반인륜적 민족 탄압에 대해 러시아 정부는 1993년에 일단 사과하기는 했으나 그들에게 약속했던 개인 자산의 반환은 아직도 이루어지지 않고 있다.

2021년 봄 태평양 건너 한반도에 다시 거친 격랑이 일고 있다. 100여 년 전 우리 민족이 겪었던 역경과 질곡의 사건들이 주마등처럼 떠오른다. 그때 그랬던 것처럼 주변 4대 강국의 이해관계가 다시 한반도에서 굉음을 내며 부딪치고 있기 때문이다. 모두가 겉으로 내세우는 말은 그럴듯하지만 저마다의 마음속에는 자기 이익, 자기네 국익만 가득 차 있다.

중국은 일대일로(一帶一路)로, 미국은 쿼드로 한국을 조여오고 있다. 사드 배치 때 눈감아 줬으니 이번에는 내 편이 되어야 한다고? 그런 발상은 주권국가의 외교가 아니다. 중국을 물리칠 수는 없지만 중국에 대해 발언권은 높혀야 한다. 그 틈을 비집고 일본은 다시 미국에 매달려 저들의 국익 실현에만 혈안이 돼있다.

그러나 미국이 중국과 패권경쟁을 벌이면서 북한이 중국과 밀착하도록 만드는 것은 북한의 비핵화나 한반도평화를 위해서는 패착이다. 북한이 한국을 밀어내고 혼자서 핵무장하고 살아 갈 수 있다는 생각을 하는 것은 더 큰 패착이다.

분단을 극복하고 한국이 주도적으로 새로운 동북아의 역사를 만들어 가려면 지정학적 이해관계에 있는 미국과 중국, 일본, 러시아와의 협력은 필수적 요소다. 그 모두는 한국이 선택적으로 결정할 일이지 절대로 끌려가서는 안 된다. 실사구시(實事求是)의 정신이 절실한 때다.

역사는 어디로 가고 있는가? 역사는 직진만 하지는 않는다. 때로 돌아가기도 하고 오던 길로 후퇴하기도 하지만 그래도 일정한 방향은 있다. 헤겔은 역사의 발전은 곧 자유의 확대 과정이라고 말했지만 한반도에서는 정치, 경제, 문화적 민주주의가 더 전진하고 남북이 화해 협력하면서 아시아의 평화와 안정을 지향해 가는 것이 역사의 옳은 방향임에는 틀림이 없다.

기독교의 고난 주간을 보내고 있다. 지금 한반도에 불어닥친 거센 파도는 또 한 번의 연단이며 소망일 수도 있다.

바이든 시대에 빛날 한국의 역할

바이든 정부가 출범해 순항중이다. '미국을 다시 하나로 만들고 미 국민을 통합하는 데 나의 영혼을 걸겠다'며 조 바이든 대통령이 약속한 이후 하루하루가 지날 때마다 다른 세상을 실감하며 살아가고 있다. 어느 지도자나 취임 일성으로 통합을 말하고 '나를 지지하지 않은 사람도 똑같이 사랑한다'는 말은 하지만, 오늘 미국에서는 그 말이 너무나 절실한 절규로 다가온다.

도널드 트럼프가 지난 4년 동안 국민의 마음을 헤집어 놓은 상처는 너무나 컸다. 그 심각한 분열을 바이든이 정말 봉합해낼 수 있을까, 트럼프가 좋다며 그에게 표를 던진 7천 4백만 표심은 포용할 수 있을까. 결코 쉽지는 않을 것이다. 그러나 민주주의 복원을 열망하는 미국의 저력이 있기에 바이든은 반드시 링컨의 통합 역사를 되살릴 것으로 믿는 의견이 다수다.

지금 미국에서 통합 못지않게 중요한 과제가 개혁이다. 바이든은 한편으로는 통합을 강조하면서 다른 한편으로는 트럼프시대에 있었던 각종 국가 간, 인종 간, 빈부 간 갈등 현안의 구조적 개혁을 진행 중에 있다. 시간을 늦추기는 했으나 트럼프에 대한 탄핵 추진을 포기하지 않는 것도 같은 맥락이다. 통합과 개혁이라는 조금은 모순된 가치를 동시에 실현하려는 것이다.

바이든 정부와 똑같은 진보 정권이며 촛불혁명을 통해 당선된 문재인 정부가 집권 후반기에 들어 다소 고전하고 있는 것은 통합을 위해 개혁을 머뭇거리는 사이 개혁도 통합도 제대로 되지 않고 있었기 때문이다. 통합을 내세우며 오만해져도 안 되지만 통합을 한다는 명분으로 개혁을 멈추지도 말아야 한다. 통합과 개혁은 선후의 문제도, 양자택일의 문제도 아니다.

미국에 희망이 보이는 것은 미 국민들이 지금 개혁에 대한 사회적 합의를 이루고 있다는 점 때문이다. 주요 언론들이 모두 팔을 걷어 부치고 이 일에 협력하고 나서자 트럼프를 지탱해주던 극우단체들이 태도를 바꾸었고 공화당도 진보적 전환으로의 새로운 진로를 고민하기 시작했다.

바이든 정부의 탄생은 한국과 한국인에게 큰 기회이자 도전이다. 바이든은 국제적인 현안들을 외교적 해법으로 접근하며 햇볕정책도 지지했던 합리적인 정치인이다. 바이든 정부는 트럼프 시대의 미국 제1주의, 일방주의를 벗어나 모든 외교적 현안을 동맹과 더불어, 다자주의로 나가겠다고 천명했다.

그런 테두리 안에서 대북정책의 큰 틀도 밝혀졌다. 목표는 '한반도의 완전한 비핵화'와 '항구적인 평화'이고 이 목표를 달성하기 위한 수단으로 외교와 인권문제를 활용할 것이며 실용적인 접근을 통해 트럼프 식의 '일괄타결'과 오바마 식의 '전략적 인내'의 중간 지대를 모색하겠다는 것이다.

그동안 한국정부의 외교 안보 관리들이나 미주 동포사회의 전문가들이 한 목소리로 주장해 온 내용은 '절대로 오바마 시대의 실패한 대북정책으로 회귀해서는 안 된다는 것과 트럼프 대통령이 서명한 싱가포르 회담을 버려서는 안 된다는 것' 등이었다. 바이든 대통령은 문재인 대통령과의 정상회담을 통해 거기에 더해 4.27 판문점선언까지도 수용하는 것으로 합의를 보았다.

문명사적으로 보면 지금은 유럽의 쇠락에 이어 아시아가 가장 역동적인 지역으로 부상하고 있다. 그 중심에 한국이 있다. 한국이 이제는 한반도 평화를 넘어 지구촌 곳곳의 전쟁과 억압과 군사주의를 배격하며 아시아의 융성과 평화를 위해서도 선도자 역할을 해야 한다.

'다시 돌아온 미국'과 바이든 시대의 도래로 아시아 한 모퉁이에 자리 잡은 작은 거인, 한국의 역할이 어느 때보다 우뚝 빛날 때가 되었다.

이제는 북한이 답할 차례다

2019년 2월 27일 베트남의 하노이에서 북미 간 두 번째 정상회담이 열렸었다. 회담에서 북한은 영변 핵시설을 영구적으로 완전히 해체하고 미국은 이에 상응해서 5건의 제재조치를 중단한다는 합의가 돼있었다. 그런데 존 볼턴 보좌관이 회의석상에서 갑자기 영변 이외 다른 지역의 모든 살상무기까지도 폐기해야 된다는 추가 제안을 했고 트럼프 대통령이 본인의 탄핵과 관련한 국내 문제로 볼턴의 제안에 느닷없이 동의하면서 하노이 회담은 결렬된 것이다.

북한의 핵 시설을 가장 많이 파악하고 있는 핵 과학자 헤커 박사는 영변 핵시설은 북한의 핵심 시설이기에 만약 영변 핵시설을 완전히 해체한다면 북한은 결코 다시는 플로토늄을 만들 수 없었을 것이라고 말해 그때 미국이 북한의 제안을 받지 않은 것에 몹시 아쉬움을 표시했다. 북한 측으로 봐서도 평양에서 2,759km의 장거리를 사흘 동안 기차를 타고 달려왔다가 빈손으로 돌아간 김정은 위원장과 북한 당국자들의 허탈감이 얼마나 컸을 것인지 이해가 간다.

4.27 판문점 선언 등을 만들어가며 북미 협상을 견인해왔던 한국 정부도 실망하기는 마찬가지였다. 그 이후에도

트럼프 대통령 측과 끊임없이 접촉하며 대화 살리기에 공을 들였지만 대선을 앞둔 트럼프 대통령은 모든 것을 선거의 유불리로 판단했고 북한은 제재 해제에 대한 미련을 포기한 채 자력갱생으로 방향을 선회해 북미회담은 장기간 휴지기에 들어가고 말았던 것이다.

그러던 가운데 마침내 바이든 정부의 대북정책이 발표되었고 문재인 대통령과의 한미정상회담도 있었다. 바이든의 정책은 '오바마의 전략적 인내'도 '트럼프의 일괄타결'도 아닌 단계적 접근이라고 했다. 구체적 실천방안은 한국 등 동맹국들과 협의해 결정하겠지만 북한이 바라는 '선 대북 적대시 정책 철회'는 없을 것으로 보인다. 그런 기미를 알아챈 북한이 반발하고 있다.

북한은 북미 간 대화가 막혔을 때나 바이든 정부가 들어섰을 때 자진해 남북 간 대화에 나와 자기네 표현으로 '우리 민족끼리'를 이어 나가야 했었다. 그러나 오히려 남쪽을 향해 입에 담지 못할 욕설을 해 가면서 남북연락사무소 건물을 폭파시키고 모든 전화연락선을 끊어 버린 것은 몰상식한 소행이었다.

대북 전단만 해도 한국 정부가 국내 보수 야당과 미국 극우 인권단체들의 반대를 무릅쓰고 대북전단 금지법까지 만들어 놓고 있는 사정을 모를 리가 없는데도 같은 문제로 한국정부를 비난하고 나서는 것은 이해를 못 한다.

남과 북은 매우 특수한 관계여서 적대성과 포용성을 함께 지니고 있다. 경우에 따라서는 서로를 '잠재적 적국'으로 보기도 하고 또 '형제의 나라'로 보기도 한다. 그래서 더욱 예의가 있어야 한다는 것이다. 한국의 통일부나 민간 통일단체들은 이제 북한이 잘못한 것은 잘못했다고 단호하게 말해야 한다.

북한은 스스로 자력갱생은 무망한 일이고, 그렇다고 중국에 100% 의존하는 일이 장차 어떤 불행한 후과를 가져올 것인지는 북한이 잘 알 것이다. 북한은 '핵과 함께/경제 병진 정책'이라는 미몽에서 벗어나 '비핵화/경제 병진'으로 확실하게 노선을 바꾸어 남쪽과 손잡고 나가야 한다. 힘들고 오래 걸리더라도 그 길만이 북한이 살고 민족이 영원히 사는 길이다.

북한은 외교적인 방법을 중시하는 미국 민주당 집권의 호기를 놓치지 말아야 한다. 인권문제의 거론이 부담스럽겠지만 실제 그 수위는 한국정부가 조력해 줄 수 있을 것이다. 트럼프와도 다르고 오바마와도 다른 바이든 시대에, 북한이 하기에 따라서는 20년 전 클린턴 3기에 놓쳤던 '페리 프로세스'와 북미 수교 수준까지도 갈 수 있는 길이 열려 있다.

지금 이 시점에서 어떤 독설도 어떤 도발도 결코 고립만 자초할 뿐이다. 적극적으로 대화에 나와야 한다. 문재인 정부의 남은 기간 안에 결단하는 것이 유리하다. 어떤 길을 택할 것인가. 이제는 북한이 답할 차례다.

분단시대의 상처

분단 75년을 보내고 있다. 남북한에 별도의 정부가 들어선 것이 1948년이었으니 분단의 역사를 72년으로 보자는 견해도 있지만 해방 후 자주독립국가 건설이 좌절된 채 전승국들에 의해 남북을 분할 점령하기로 한 해가 1945년이었기에 그 시기로부터 분단의 역사를 쓰는 것이 옳다고 본다.

그 75년 동안 남과 북에 충돌과 긴장이 계속되면서 국가목표의 최우선 과제는 오직 안보(安保)였다. 안보는 자유, 민주, 평화, 복지 등 삶의 모든 가치를 후순위로 밀어 내고 말았다. 때문에 분단은 독재자를 낳았고 독재자는 끊임없이 분단을 이용했다. 분단은 냉전세력의 서식처가 되고만 것이다.

분단이 가져온 가장 큰 상처 중 하나는 국토가 남북으로 분단된 것만이 아니라 지역 간, 빈부 간, 세대 간 등 각종 계층 간에도 두꺼운 장벽을 쌓았다는 것이다. 그들 계층 간에는 자기의 주장과 자기의 이해만 있지 남의 사정은 알아보려고도 않고 오직 증오하고 반목하는 언행만 있을 뿐이었다. 증오가 사회정의였던 것이다.

하기야 독재 권력을 무너뜨린 힘도 바로 증오였었다. 그러나 독재 권력을 축출한 이제 더 이상 증오가 사회정의여서는 안 된다. 이제 우리 민족의 미래는 상대방의 존재를 인정하고 종교적, 인종적 다양성을 추구하며 마음속에 증오와 대립을 씻어낸 뒤 그 자리에 상생과 협력의 문화를 심어 가는 데서 희망을 찾아야 했었다.

그럼에도 불구하고 냉전세력들은 자기와 생각이 다르면 무조건 종북 좌파니 빨갱이니 하며 상대방을 박멸해 버려야 한다는 논리를 주도해 갔다. 선거 때만 되면 북한이 실제로 저질렀거나 때로는 저지르지 않은 일마저도 북한의 도발이라며 선거에 적극 이용했고 시도 때도 없이 반북 강경책을 써야 보수층의 지지를 받는 것으로 되어 있었다.

이국땅 이민사회에서도 그런 폐단은 판박이처럼 벌어지고 있었다. 이민사회에서는 일찍 이민을 떠나온 노년세대나 보수주의 성향의 일부 기독교인들이 반공 이데올로기의 철옹성을 쌓아 놓고 살아가는 경우를 종종 보게 된다. 같은 동포인데도 그들과 대화가 안 되기로는 언어가 다른 커뮤니티와의 사이보다 더 하다.

그런데 엄청난 이변이 일어났다. 지난 2018년 4.27 남북정상회담에 대해 90% 이상의 한국국민들 — 진보, 중도층은 물론 보수층마저도 절대적인 지지를 보낸 것이다. 한반도에 평화가 정착되는 것은 안정과 성장을 바라는 보수층 요구와 결코 다른 것이 아니라는 판단을 했기 때문일 것이다.

판문점 선언이 특별히 빛났던 것은 남과 북이 한반도문

제의 직접 당사자로서의 위상과 역할을 재확인한 점이다. 분단된 민족이 통일문제를 자주적으로 해결한다는 것은 너무나 당연한 것이다. 남과 북은 '우리 민족의 운명은 우리 스스로 결정한다'는 민족자주의 원칙을 확인하였고 6.15 공동선언 등 그동안 있었던 모든 남북 선언들과 합의들을 철저히 이행함으로써 남북관계 개선과 발전의 전환적 국면을 열어나가기로 한 점이다.

지금 우리는 분단시대가 마감돼가는 격동의 시기를 지나고 있다. 분단은 우리들의 의식 속에 얼마나 많은 장벽을 쌓아놓고 있었는지부터 반성하고 우리가 그 분단의 장벽을 허물고 나가야 한다. 오랜 불신과 증오를 거두고 자기와 다른 것, 자기에게 없는 것에 대한 적극적인 이해와 사랑이 필요한 때이다. 서로에게 향한 지긋지긋한 '증오의 굿판'을 끝내야 한다.

대륙에 길이 있다

여행에도 관성이 붙는 경우가 있다. 2013년 5월, 14일 동안의 미국 대륙횡단을 마칠 때만 해도 내친 김에 시베리아 횡단 길에 나섰으면 했다. 그러나 그 해 여름에 캐나다 밴쿠버의 세미나에 참석하는 일과 가을에 한국 완도군 청산도를 다녀오는 일정이 겹쳐 그만 포기했다. 세월이 지나면서 여행의 동력이 떨어지기는 했으나 시베리아 철도 횡단은 지금도 나의 '버킷리스트 2호'로 남아 있다.

시베리아 횡단 철도는 동쪽의 블라디보스톡을 출발해 하바로브스크, 이루쿠츠크를 지나 모스크바에 이르는 1만 5천 마일에 이르는 세계 최장의 철도다. 광활한 대륙에는 '닥터 지바고'를 연상시키는 자작나무 숲이 한없이 펼쳐지는 가하면 우리 민족의 뿌리가 되었다고 믿고 있는 세계에서 가장 깊은 호수 '바이칼호'가 그 주변에 있어 더 가보고 싶어지는 코스다.

그보다 더 설레게 하는 것은 거기가 바로 지난 시절 우리 민족의 도전과 시련의 땅이기 때문이다. 1860년 우리 선조들의 연해주 이주는 한민족 최초의 해외 개척사로 기록되었고 1914년에 형성된 블라디보스톡 신한촌은 세계최초의 코리아타운이었다. 그 뒤로 러시아는 한반도 독립운동의 무대가 되었으나 1937년 스탈린의 강제 이주는 우리 동포의 참혹한 수난사로 기록되기도 한다.

지난 100년 동안 동북아에서 대륙세력과 해양세력이 치열한 대결구도를 벌이는 사이 한반도는 그 최전선을 형성하고 있다. 그러나 불리하게 작용했던 지정학적 위치를 이제는 유리한 위치로 만들어 갈 수 있다는 역사인식의 전환점에 와 있다.

동북아시아는 지금 세계경제의 가장 역동적인 변화를 보여주고 있는 지역이다 세계 물동량의 40%를 처리하고 있어 시베리아 극동지방과 중앙아시아, 유럽을 연결하는 교통, 에너지, 물류의 협력 필요성이 나날이 커지고 있다. 유라시아 시대의 개막을 앞두고 한국은 새로운 실크로드의 출발점이자 대륙과 해양을 연결하는 허브로 떠오르고 있으며 그 중심에 철도가 있다.

남북철도 협력과정에서 경의선과 중국 횡단철도(TCR)가 연결되면 일대일로(一帶一路) 사업을 추진 중인 중국입장에서도 매우 긍정적이다. 러시아는 이미 2030년까지 시베리아 횡단열차(TSR)의 개보수를 통해 화물운송의 물동량을 확대할 계획을 갖고 있다. 한반도는 유라시아 철도의 시발점이기도 하지만 일본이라는 경제 대국을 옆에 둔 교통의 요충지다.

그동안 한반도의 운명과 연관된 많은 나라들을 다니면서 얻은 확신은 앞으로 세계사는 유라시아에서 펼쳐 질 것이고 한민족에게는 '대륙에 길이 있다'라는 점이다. 그리고 그 중심에 철도가 있다. 우리가 유라시아 시대에 합류하기 위해서는 하루 속히 블라디보스톡이나 단동이 아니라 부산을 시발점으로 해서 러시아로, 중국으로 달려 나가게 되어야 한다. 동해선, 경의선 철도협력문제는 민족경제의 균형적 발전과 공동번영을 이룩하는 데 중요한 의의를 갖는다.

남과 북은 2018년 6월 26일 판문점 평화의 집에서 남북 철도협력분과 회담을 진행하고 동해선과 경의선 철도의 연결 및 현대화를 위한 실천적 대책을 취해 나가기로 했으나 지금은 정체돼 있는 상황이다. 중국으로, 시베리아로, 남북 철도를 타고 유라시아로 달려 나가는 민족의 꿈을 접어서는 안 된다.

마침 한국에서는 100여 개 시민단체가 참여해 판문점선언이 채택된 4월 27일 부산을 출발해 휴전협정체결일인 7월 27일 임진각에 도착하는 일정으로 '남북철도잇기 한반도평화 대행진'을 벌이고 있다고 한다. 그리고 이어서 2022년 베이징 동계올림픽에 남북 공동응원단이 같은 기차를 타고 떠나는 일도 추진되고 있다는데 남북 공동번영의 젖줄인 남북철도를 하나로 잇는 이 민족의 꿈이 반드시 성사되기를 바란다.

민족에 대한 자긍심을 높힐 때다

2018년 2월 평창올림픽에서 일기 시작한 민족통합의 열기는 국내외 동포들에게 엄청난 충격과 반향을 일으켰다. 그때로부터 지금 한반도의 정세는 하루가 다르게 요동치면서 기대와 실망이 교차되는 가운데 해외에 살고 있는 우리들에게도 민족의 역할과 사명에 대한 새로운 도전과 성찰에 나서게 한다.

우리 민족은 2017년 통계로 한국에 5천 177만 명, 북한에 2천 537만 명 그리고 지구촌 186개국에 746만 명, 도합 8천 460만 명의 인구로 추산되고 있다. 해외에 많은 동포가 살고 있다는 것은 민족의 큰 자산이다. 해외 이민이 많기로는 중국과 이스라엘이며 중국은 해외 동포가 5천만 명에 이르지만 살고 있는 나라 수는 우리보다 적은 180개국이다.

그리고 2020년 2월 기준으로 한국 국내 체류 외국인과 동포의 숫자는 252만 명을 넘어섰는데 그 가운데는 중국 국적이 전체의 44%에 해당하는 110 만명(그 가운데 조선족이 70만 명)으로 가장 많다. 그 다음으로는 베트남 22만, 태국 20만, 미국 15만, 일본 8만, 그 외에 필립핀, 우즈베키스탄 사람들이 살고 있는 것으로 조사되었다.

세계 통계학상 전체 인구의 5%가 외국 국적자면 그 사회를 다문화 사회라고 규정 짓는데 한국은 거의 육박한 추세다. 현실이 이러함에도 불구하고 한국인들이 단일민족 시대에나 갖고 있던 배타적, 보수적 성격을 유지하거나 머리는 IT산업의 선두주자라고 하면서 마음속에는 아직도 "신토불이" 같은 과거의 개념에서 벗어나지 못하고 있는 것 같아 안타까울 뿐이다.

그럼에도 불구하고 한국은 코로나 19를 이겨내며 K 방역에 성공함으로써 백신 허브 국가로 자리를 매기면서 국제적 위상이 급상승하고 있다. 경제 규모에서는 세계 10위권에 들어섰으며 1인당 GDP에서 G7인 이탈리아를 능가하고 있어 명실상부한 국제적 리더 국가가 되었다.

격월간지 'Foreign Policy'는 지금부터 20여 년 뒤인 2040년에 세계를 선도할 4개국을 선정 발표하면서 그 중의 하나로 코리아를 꼽았다. 그때쯤이면 한반도가 통일국가를 이루고 있을 것이라는 전제가 붙어 있기는 하다. 그리고 한민족이 세계를 이끌어 갈 수 있는 다섯 가지 근거를 제시하는 가운데 7백만이 넘는 많은 해외동포 숫자와 그들이 결속하는 네트워크를 들었다.

한민족 네트워크는 민족통합의 한 수단이자 전 세계에 흩어져 사는 우리 민족의 역량을 세계화, 정보화에 맞추어 묶어낼 수 있는 좋은 방법이 될 수 있다.

이럴 즈음 20년 동안 비워있던 미국 연방의회에 4명의 우리 한인을 입성시킨 것은 대단한 쾌거다. 그것도 서부와 동부, 공화당과 민주당, 남성과 여성으로 균형 있게 진출하게 돼 우리 한인사회의 미래를 밝게 해준다. 물론 그들은 주류정치인으로서 일할 것이지만 한민족의 후손으로서 민족이 당면한 과제가 무엇인지는 잊지 말아야 할 것이다.

그렇더라도 한인사회는 그들에게 무슨 채권자인 양 부담을 주지는 말아야 한다. 그저 길 가다가 우리 현대차나 기아차를 만났을 때 또는 대형 매장의 모든 전자 가전제품이 삼성 아니면 LG로 채워진 걸 봤을 때 흐뭇했던 것같이, 그런 마음으로 만족하고 그들을 지켜줘야 한다. 우리는 민족 통합도 이루어야 하지만 열린 민족도 되어야 살아남는다.

우리 민족은 세계의 열강들이 저마다 팽창주의로 나가던 20세기를 지나오는 동안 고난과 한(恨)의 세월을 보내왔다. 21세기도 그렇게 흘려보내서는 안 된다. 이제는 우리 민족의 개척정신과 창조 정신, 공동체 정신은 세계가 인정하고 있다. 우리 민족에 대한 자긍심을 한껏 높힐 때가 되었다.

전쟁의 6월에서 평화의 6월로

캘리포니아가 6월 15일을 기해 감염 병으로 인한 고통으로부터 해방을 선포했다. 해방은 벅찬 사건이다. '6.15 코로나 해방의 날'에 이어 처음으로 연방공휴일로 지정된 '6.19 노예해방의 날'도 있었다.

6월은 파란 많은 한민족에게도 고난과 환희가 점철된 달이다. 내일 모레면 71년 전인 1950년 6.25 한국전쟁이 일어난 날, 5천년 사에 가장 비극적인 사건이었던 이 날을 우리는 영원히 잊지 못한다. 6.25 한국전쟁은 남북의 군인과 민간인을 합쳐 300만 명의 사망자와 1,000만 명의 이산가족을 기록했다.

미국에서는 한국전쟁을 '잊혀진 전쟁(Forgotten War)'이라고 부른다. 한국전쟁은 미국이 참전했으나 승리하지 못한 전쟁 중의 하나이고 아직까지도 휴전 중인 상황에서 역사적 결론을 내리기 쉽지 않아서라고 한다. 그렇다 하더라도 '잊혀진 전쟁'이라니…, 너무 서운하고 동맹국가로서 무책임한 평가다.

왜냐하면 한국전쟁은 20세기 어떤 전쟁보다도 민간인 희생비율이 높았던 전쟁이어서 전쟁사 연구자들은 '더러운 전쟁(Guerra Sucia, 스페인어)'으로 부르고 있다. 대부분의 한국 민간인 희생이 국가 폭력 외에 일부 미군에 의해서도 이루어졌다는 점에서 한국민에게는 '잊혀질 수 없는 전쟁'이기 때문이다.

바이든 대통령은 이례적으로 문재인 대통령도 참석시켜 랄프 퍼킷 참전용사에게 훈장 수여를 했다. 미국으로서는 한국전쟁에 참전했던 중국을 견제하고 한미동맹을 과시하려는 뜻이 컸을 것이다. 그러나 한국인들은 도와준 미국에 고맙기도 하면서 미국이 한국전쟁에 대한 종전책임을 망각하지 말고 하루 빨리 평화협정을 결단해주기를 바라는 마음으로 지켜보았다.

6월에는 또 일제 강점기인 1926년에 있었던 6.10 만세사건, 그리고 지금은 70대 후반이 된 당시의 대학생들이 박정희 정권에 항거해 굴욕적인 한일 협정체결에 맞섰던 1964년 6.3 사태가 있었다. 6월 6일 현충일과 1987년 민주화운동의 절정인 6.10 항쟁이어서 6.29선언도 6월에 들어 있다.

그 외에도 최근의 6월에 있었던 두 사건, 6.15 남북공동선언과 6.12 북미정상 공동성명이 없었더라면 우리민족은 전쟁의 악몽에서 영원히 헤어날 길이 없었을 것이다. 하늘이 도와 전쟁과 갈등의 긴 역사를 접고 화해와 협력의 단초를 만든 2000년 6.15 남북공동선언과 2018년 4.27 판문점선언에 이은 6.12 북미 공동성명은 한반도의 운명을 바꾸기에 충분했었다.

다행히 문재인 대통령과 바이든 대통령이 6.12 북미공동선언에 기초한 대화의 필요성을 강조하고 김정은 위원장이 '대화에도 준비가 돼있다'고 화답한 것은 의미 있는 진전이다. 문재인 정부는 미국으로부터 받아낸 약속과 G7회의에서 인정받은 높은 국제적 위상을 바탕으로 하루 속히 남북협력에 나서야 하며 8월에 예정된 한미연합훈련 등의 조정으로 대화의 여건조성에 과감해야한다.

동족상잔으로 엄청난 피해를 겪었으면서도 70년이 넘도록 휴전 상태가 지속되며 세계열강이 충돌하고 있는 한반도에서 어느 지역에서보다 평화에 대한 열망이 높고 평화운동이 뜨거운 것은 당연한 일이다. 한국의 국내외 평화운동가들은 다시는 전쟁의 고통을 경험하고 싶지 않아 세계인을 향에 끊임없이 질문하고 호소한다. 평화는 결코 전쟁으로 만들어지지 않는다고…

6월이 가고 있다. 전쟁의 6월에서 이제는 평화의 6월로 안착시켜야 한다. 아직도 전쟁의 그림자가 어른거리는 한반도에 항구적이고 공고한 평화를 정착시키고 평화시대를 열어가는 것은 역사의 필연이다. 행여 대통령 선거 정국으로 그 물꼬를 막거나 돌리는 일이 있어서는 안 된다. 전쟁으로부터의 해방, 그것은 분단시대를 살아가는 국내외 한민족 모두의 가장 큰 책무이자 사명이다.

해방이 도둑같이 왔듯이

역사를 공부한다는 일이 갈수록 어려워진다. 나타난 사실들을 기억하고 평가하는 것만이 아니라 그것으로 해서 다가올 미래를 예측할 수 있어야 하는데 불확실성이 너무 큰 세상이다. 인생을 넘어선 자리에 서 봐야 인생을 알 수 있다고 했는데 역사를 넘어선 자리에 서 봐야 역사를 알 수 있을 것인가.

2018년 9월 19일 평양 능라도 경기장에서 있었던 역사적 장면을 잊지 못한다. 이날 문재인 대통령이 김정은 위원장과 함께 집단체조를 관람한 뒤 15만 평양시민 앞에서 연설을 했다. '우리 두 정상은 한반도에서 더 이상 전쟁은 없을 것이며 평화의 시대가 열렸음을 8천만 우리 겨레와 전 세계에 엄숙히 천명했습니다.' 그러자 평양시민들의 열광적인 함성이 터져 나왔다.

국내외에서 연설을 들은 사람들도 그랬는데 본인은 그날 얼마나 감동했을까, 문재인 대통령은 이어서 '김정은 위원장과 나는 백두에서 한라까지 아름다운 우리 강산을 핵무기와 핵위협이 없는 평화의 터전으로 만들어 후손들에게 물려주자고 화약했습니다. 그리고 더 늦기 전에 이산가족의 고

통을 근원적으로 해소하기 위한 조치들을 신속히 취하기로 했습니다.'

그때의 예감으로는 뜻밖에도 곧 무슨 결실이 있을 것만 같았다. 함석헌 선생은 '뜻으로 본 한국역사'에서 1945년 8월 우리의 해방은 도둑같이 뜻밖에 왔다고 했다. 누구도 예측 못한 일이었다는 것이다. 베를린장벽이 무너질 때도 불과 11개월 뒤에 일어날 독일통일을 아무도 예측 못했다고 한다. 모를 일이다. 분단 해결도 이렇게 예측이 불가능하다가 어느 날 갑자기 전쟁의 위협이 가시고 남북이 손잡고 살게 되는 날이 도둑같이 찾아 올 것인가… 그런 예감도 들었다.

그러나 그로부터 2년의 세월이 다시 허송돼 버렸으며 트럼프 대통령은 떠나가 버리고 미국은 정권이 교체되었다. 누가 다시 진군의 나팔을 불어야 하는가. 바이든 미국대통령이 전임자보다는 다르다 하더라도 남과 북 당사자의 자세가 더 중요하다. UN의 대북제제와 관계없는 보건지원, 식량지원 같은 남북교류협력을 추진하며 대화를 이어가야 한다.

민족끼리 할 수 있는 일에 이산가족 상봉과 금강산 관광과 개성공단 재개, 철도 연결 사업 등이 있다. 그런 일의 협의를 위해 올 가을이 오기 전에 남북이 만나야 한다. 소통이 신뢰를 가져오고 신뢰가 연대를 강화하는 길이다. 통일은 훗날의 일이고 지금은 남과 북이 상호 협력하고 연대하는 노력 없이는 주변 강대국의 이익 속에서 민족이 살아날 길이 없다.

한국의 정치인들과 지식인이 제정신으로 돌아와야 한다. 정권싸움에 명운을 걸고 그 일에 훈수만 두고 있을 때가 아니다. 변방의 대한민국, 분단의 한반도에 모처럼 운명의 여신이 찾아온 것인데 100년 전 그때처럼 부질없는 정쟁이나 벌이면서 세월을 보내자는 것인가. 귀찮더라도 기억할 것은 기억해야 한다. 과거의 역사를 기억하지 못하는 백성은 그 역사를 다시 반복하고야 만다고 했다.

분단해소가 도둑처럼 올 수도 있다. 그러나 우리가 경계해야 할 일은 우리 힘으로 이루지 못한 민족의 숙제는 일시적으로 좋은 겉모양일 수 있지만 자칫 사상누각일 수가 있다. 해방 후가 그랬듯이 평화가 도둑같이 찾아왔을 때 안팎에서 그 평화를 다시 도둑질 해가려는 무리가 등장하는 것을 살펴야 한다.

어느 날 갑자기 북한과 미국이 우호적인 관계를 갖게 될 때 한국은 물론 우리 이민사회도 엄청난 변화를 겪게 될 것이다. 지금까지 둘로 나뉘어 살아온 사회를 하나로 만들어 간다는 것이 그렇게 간단한 일은 아니다. 희생과 양보가 선행되어야 한다. 눈앞의 작은 이익이 아니라 민족의 앞날을 내다보는 시야가 필요해진다. 역사는 우리에게 기회를 주면서 단단한 각오를 촉구하고 있다.

'찢어진 사진'의 기억

몇 년 전의 일이다. 친구 어머니의 부음을 듣고 장례식에 참석했다가 오랫동안 지워지지 않는 가슴 울먹한 장면을 목격했었다. 한복을 입고 곱게 누우신 어머니의 한 손에 두 조각으로 잘려진 한 청년의 흑백 사진이 쥐어져 있었다. 장례식을 마치고 나서 친구는 이런 사연을 들려줬다.

친구의 아버지는 한국전쟁이 한창이던 때 퇴각하는 북한군에 의해 북으로 끌려갔고 이후 행방불명이 되었다고 한다. 서른두 살에 남편과 헤어진 어머니는 미국에 오신 뒤에도 지갑에 넣어둔 남편의 흑백 사진을 하루에도 몇 차례씩 꺼내 보곤 하셨다고 한다. 그런데 돌아가시기 이틀 전 어머니는 하염없이 눈물을 흘리시더니 그만 아버지 사진을 찢어버리시더란다. 못 만나고 가시는 게 얼마나 서러우셨으면 그랬을까.

친구의 어머니처럼 미국에 오면 북에 있는 가족을 만날 기회가 있을까 하는 바람으로 이민 오신 분도 많아 그 숫자가 한때 10만 명이 넘었었다. 이 분들 중에는 그동안 재미동포전국연합회나 재미이산가족상봉추진위원회 등과 접촉하며 뜻을 이루신 분도 있었으나 지금은 미국이 북한 입국을 전면 폐쇄하고 있어 그나마 발길이 완전히 끊긴 상태다. 지금 이 순간도 어디선가 또 남편의 사진을 찢으며 한 많은 세상을 떠나는 분이 계실는지 모른다.

남북 간 스포츠 교류와 경제 협력도 중요하지만 헤어진 가족을 만나게 하는 일이 통일의 첫걸음이다. 어쩌다 벌이는 1회성 상봉행사는 이제 그만하고 이산가족의 생사 확인과 서신왕래, 화상통화 그리고 고향방문 등의 실질적인 인도적 문제가 하루 속히 이루어져야 한다. 헤어져 살아 본 사람은 안다. 만나고 싶은데 만나지 못하고 사는 일이 얼마나 가슴 아픈 일인지를…

남북이산가족상봉이 시작된 2000년 초기 이산가족 상봉을 희망한 등록인원은 모두 13만 3,370명이었었는데 대부분 고령자들이라 이산의 한을 풀지 못하고 세상을 떠나는 분들이 많았다고 한다. 2020년 12월 기준으로 그 가운데 60%에 해당하는 8만 640명이 돌아가고 이제 겨우 5만 2천여 명만이 생존해 있다고 하니, 가는 허송세월이 너무나 야속할 뿐이다.

마침 2021년 4월부터 10월 말까지는 한국의 통일부와 대한적십자사가 5년마다 실시하는 이산가족 실태조사기간이라고 한다. 한국정부는 이산가족의 정확한 실태조사와 함께 그들의 피맺힌 절규에 귀를 기울여 일시적 상봉을 뛰어 넘어 상호 방문까지도 추진하는 과감한 대책을 세워야 한다.

킨타나 유엔 북한인권 특별보고관이 지적한 북한의 집단

탈북 여종원문제도 이제는 솔직하게 검토되어야 한다. 이 문제는 사건이 발생한 2016년 4월 당시에도 석연치 않은 점이 곳곳에서 들어나고 있었는데 서울의 한 방송사가 기획탈북의 의혹을 제기하면서 다시 공론화되기 시작했었다. 속아서 왔고 지금 돌아가고 싶다면 당연히 그렇게 해 줘야 하고 타의로 오기는 했으나 한국에서 살고 싶다고 마음이 바꼈으면 그 의사도 존중해줘야 한다.

1948년 12월에 제정된 세계인권선언은 '사람들로부터 불법적으로 자유를 박탈하고 그들을 신체적으로 속박하거나 구속하는 것은 UN 헌장의 원칙에 위배된다'고 밝히고 있으며 13조 2항에는 보다 구체적으로 "모든 사람은 자국을 포함하여 어떤 나라라도 떠날 권리와 또한 자국으로 돌아갈 권리를 가진다"라고 명시하고 있다.

남과 북은 이산가족의 비원(悲願)을 풀어주는 사업을 하루 속히 재개하기 바란다. 아울러 전사자 유해발굴도 서둘러야 한다. 살아 못 돌아온 사람은 죽어서라도 그 권리를 지켜줘야 하기 때문이다.

518번 버스와 228번 버스

5·18 기념재단이 주최하는 '2019 광주 아시아포럼'에 참가하기 위해 광주에 갔었다. 때맞추어 제39주년 5·18 민주화운동 기념식과 그 전날의 전야제 퍼레이드에도 참석할 수가 있었다. 숱한 생명이 무참히 살상되고 행방불명된 참상은 국가적인 비극이었지만 그 일로 방송국에서 해직되고 이듬해 이민을 떠났으니 내 개인사로도 엄청난 사건의 현장이다.

9년 만에 복직을 해서 1989년 봄에 찾았던 이래 두 번째 방문이다. 대대로 역사 밖으로 따돌림받아 노여움이 배어 있는 땅, 자기 나라 군병들이 미친 듯 달려들어 숱한 아들 딸들을 빼앗아 간 슬픔의 땅, 그것도 모자라 포악한 무리들이 자식 잃은 지어미들을 향해 갖은 모욕과 망언을 뱉어내는 배반의 땅…

묘지 참배만이 아니라 그날 항쟁의 역사를 간직한 5·18 민주화운동 기록관과 기념문화센터, 옛 전남도청, 금남로 등을 샅샅이 들러 보는 동안 산 자는 무엇을 했어야 했는지 부끄럽고 무력해 진다. 대통령도 오죽 답답했으면 '독재자의 후예가 아니고서야 5·18을 어떻게 다르게 말할 수 있겠느냐?'라고 했는데 금남로 곳곳에는 '오월을 평화로, 우리 민족의 일은 우리 민족의 힘으로' 같은 진취적이고 고무적인 구호들 사이로 '황교안 물러가라', '자유한국당 해체하라' 같은 날선 정치적 구호도 넘쳐났다.

광주의 아픔을 치유하려는 의지 없이 불쑥 얼굴을 내밀어 말썽을 일으키는 것은 분열의 정치를 해서 다른 이득을 보겠다는 의사 표시다. 분열주의자들에 대한 국민의 심판은 냉혹했다. 황교안 대표가 광주에 다녀간 뒤 문재인 대통령과 더불어민주당의 지지도는 올라가고 자유한국당은 그 반대가 되었다. 자업자득이다. 하루빨리 조사위원회 구성에 협조해 치유와 통합의 손을 잡아야 한다.

마침 이번 '광주 아시아포럼'의 주제는 '학살 난민－국가폭력과 국가의 보호책임'이었다. 적어도 아시아인들에게 광주는 단순히 한국의 광주가 아니었다. 그들은 광주가 어떻게 민주주의와 인권을 위해 투쟁했으며 이를 전후한 국가폭력과 국가의 보호책임은 어떻게 작동했는지를 소상히 알고 있었다. 그리고 이를 통해 자국에서 일어나는 독재권력과 로힝야 난민 사태 등은 어떻게 처리해야 하는지, 해외에서 5·18 정신 확산은 어떻게 해야 하는지에 관해 다양한 의견들이 있었다.

미주에서의 5·18 정신 함양은 한인 동포가 가장 많이 밀집해 사는 로스앤젤레스가 주목받을 수밖에 없었다. 로스앤젤레스는 과거 민족의 수난기마다 독립운동과 민주화운동 그리고 통일운동의 전초지가 되어 온 자랑스런 역사성이 있다. 그러기에 동포사회는 물론 주류사회 속으로 5·18 정신을 확산시키는 동시에 이민과 난민 문제에서도 현지 국가의 보호책임은 어떻게 주장할 것인지에 관해서도 논의하였다.

광주에서 다시 한 번 절실하게 느낀 점은 연대의 힘이다. 전라도는 이제 전라도만으로 살 수 없고 한국은 한국의 힘만으로 성장할 수 없다는 점이다.

전라도 말에 '항꾸네(함께) 묵어야 맛나고 항꾸네 놀아야 오지제, 혼자 뭔 재미로 살아?'라는 말이 있다고 들었다. 그래서인가 지금 광주에는 1960년 2월 28일 대구학생의거를 기억하는 228번 버스가 달리고 있고, 대구에는 5·18을 뜻하는 518번 버스가 달리고 있어 희망이 보인다.

호남과 영남에 이어 남과 북도 어서 '항꾸네' 살아야 한다.

통일의 실익(實益)을 놓치지 말아야

북한이 두만강 하류에 있는 라진 항을 중국에 10년 동안 사용할 권리를 넘긴 것으로 알려졌었다. 북한의 라진 항 개방은 동북3성을 발전시키며 태평양으로 나가는 항구를 확보하려는 중국의 이해관계와 화폐개혁 이후 어려워진 경제를 복구시키려는 북한의 당면 목표가 맞아 떨어진 조치라고 한다.

몇 해 전 연변과 심양을 방문하는 길에 두만강 유역의 훈춘과 방천까지 다녀올 기회가 있었는데 대륙의 중심부와 남방지역이 하루가 다르게 발전하고 있는 것에 비해 동북3성은 경제가 매우 낙후돼 젊은 인력들은 내지로, 아시아로 거의 다 빠져나가고 있었다. 그런 가운데 유독 훈춘만은 땅 값이 올라가고 각종 물류 창고가 들어서는 등 활력을 띄고 있는 것이 눈에 보였었다.

대련 항이 거의 포화상태에 이른 중국으로서는 미국 등 태평양 지역으로 진출하기 위한 전초기지가 절실했던 차에 훈춘을 거쳐 라진 항으로 연결하는 통로를 확보함으로써 수십 년 간의 꿈이 실현된 것인데 거기에다 중국의 투자가 본격화되면 달러와 위안화가 대거 유입될 것이어서 북한의 실리추구가 주목받게 된 것이다.

라진 항 개방으로 북한이 개혁, 개방으로 다가가는 과정을 밟는 것이라면 우리로서도 굳이 반대할 일은 아니지만 남북관계가 경색돼 있는 시점에 북한의 경제가 중국에 거의 종속돼 나가는 모습을 보는 것은 앞으로 남북 경제협력의 복원과 통일의 로드맵을 위해서 반드시 좋은 징조만은 아닌 것이다.

지금 북한은 생필품의 90%를 중국에 의존하고 있는데다 지하자원 채굴권 등 각종 경제이권을 포함해 다수의 중국 기업이 북한에 진출해 있는 중이다. 또한 앞으로 외국인 투자환경이 개선될 것을 기대하고 영국, 이집트 등 서방 국가의 기업들도 북한 투자에 관심을 갖기 시작한 것으로 보인다.

한국은 머뭇거리다가 다 놓치지 말고 할 수만 있으면 서둘러 북한에 진출해야 한다. 다행한 것은 최근 북한이 라진, 선봉지대에 한국 기업인들의 투자를 허용한 점이다. 이 지역 외에도 장차 남포항 앞 바다에 있는 매장량 50억 내지 430억 배럴의 유전 공동개발과 대북 송전사업 그리고 고속도로와 철도, 항만 등 기간시설의 개, 보수에 한국의 우수한 기업들이 참여할 수 있다면 이것이야말로 통일시대를 앞두고 엄청난 실익(實益)이 되는 것이다.

2007년의 10.4 정상회담에서 가장 큰 성과로 꼽히는 서해평화협력특별지대 설치 구상을 보면 해주와 개성, 인천을 연결하는 3각의 남북협력특별지대를 만들어 이 지대 한

강 하구에서 28억 달러 이상의 모래를 채취하고 공동 어로 구역과 평화 수역을 설정한다는 내용을 포함하고 있어 만일 이 계획도 실현만 된다면 남북 경제 협력의 새로운 지평을 열게 되는 것 이었다.

통일에 대한 당위성은 더 말할 필요도 없다. 탈냉전 이후 강제적으로 분단된 나라는 모두 통일되었으며 또 강제적으로 통합된 나라들은 모두 다시 민족국가로 독립되었다. 그런데 한국만이 이 문제를 풀어내지 못하고 있는 것이다. 그러나 이제 우리는 같은 민족이기 때문에 통일되어야 한다는 핏줄 논리보다는 그 땅에 사는 사람들이 더 사람답게 더 평화롭게 더 잘 살기 위해 통일이 되어야 한다는 것이다.

국가이익의 중심은 군사력에서부터 경제력으로 전환되고 있으며 세계는 점차 경제 블록화 현상을 보이고 있다. 평화 공존의 길에서도 통일을 지향하는 노력과 이해가 없다면 그것은 분단을 고착시키는 길이고 분단은 다시 평화를 위협하는 요인이 된다. 평화 정착을 토대로 통일 단계로 넘어가야 하고 통일을 단계적으로 이루어가야 한다는 것은 6.15 공동선언의 정신이다.

따라서 한반도 역시 시기를 놓치지 말고 남북 간 경제 협력을 발전 시켜 나감으로써 평화와 통일시대로 나아감은 물론 동북아의 안정과 세계의 평화를 위해서도 그 길로 가야 한다.

용서와 화해의 대통령님, 안녕히 가십시오
-고 김대중 대통령 범동포 남가주 추모위원장 추모사-

어찌 된 일입니까?

석 달이 채 지나기도 전에, 하염없이 흘렸던 눈물을 채 닦아 내기도 전에 존경하는 두 분의 지도자를 모두 잃다니…

우리는 이제 무슨 희망으로 살아야 합니까?

우리는 이렇게 복이 없는 민족입니까?

하늘에서 큰 별이 떨어지던 날, 큰 지도자가 홀연히 우리 곁을 떠나던 날, 우리는 땅이 꺼지고 가슴이 무너지는 아픔을 깨물었지만, 그러나 다시는 울지 않기로 맹약했습니다. 이제는 흘릴 눈물도 없습니다.

빛나고 거룩했던 대통령님의 업적에 머리를 숙일 뿐입니다.

'민주와 인권의 대통령', '통일과 평화의 대통령'…

어찌 그 말밖에 없겠습니까?

대통령님은 '용서와 화해의 대통령'이셨습니다.

한평생 독재와 맞서 싸우시면서도 그 싸움이 투쟁과 저항으로 끝난 것이 아니라 언제나 사랑과 평등과 평화를 지향하셨습니다.

대통령님은 우리 미주 동포들을 끔찍이도 사랑해주셨던

'우리들의 대통령'이셨습니다. 생(生)과 사(死)를 넘나들던 망명시절,

이곳에 사시면서, 한국의 군사독재에 함께 신음하던 우리 동포들을 격려하시고 붙들어 주셨습니다. 4.29 폭동과 지진으로 지칠 대로 지친 우리들에게 일부러 찾아와 주셔서 우리들을 위로해주시고 용기를 불어 넣어 주셨습니다. 이 임마누엘 교회가 1993년 본당을 가득 메운 동포들 앞에서, 부디 잘 살아야 한다고, 이 어려움을 이겨내야 한다고 우렁차게 말씀 해주시던 바로 그 장소인데 16년이 지난 오늘 우리는 대통령님을 떠나보내는 장소로 쓰고 있습니다.

김대중 대통령님, 인생은 아름답고 역사는 발전한다고 말씀해주셨습니까. 행동하지 않는 양심은 악의 편이라고 깨우쳐 주셨습니까.

자유가 들꽃처럼 만발하고, 정의가 강물처럼 흐르고, 평화와 통일이 무지개처럼 피어나는 나라를 만들고 싶다고 역설하셨습니까.

오늘 대통령님을 떠나보내면서 눈물을 참으며 저희들이 맹약하겠습니다. 못다 하신 미완(未完)의 꿈들, 저희들이 이어 가겠다고,

그러나 알 수가 없습니다. 대통령님이 떠나신 자리가 너무 크고 너무 넓기에 우리가 어떻게 그 일을 감당해야 할지를,

이제는 헤어져야 할 시간입니다.

그렇게 사랑하시던 우리 미주 동포들에게 눈길이나 한번 주고 가십시오. 우리도 대통령님 사랑합니다. 아마도 살아

가면서 지금보다 더욱더욱 사랑하게 될 것 같습니다. 안녕히 가십시오. 이제는 평생을 민족을 위해 살아오신 그 고된 짐 내려놓으시고 편히 쉬십시오.

2009년 8월 22일

제 3 장

지구촌의 평화

노벨평화상과 오바마와 김대중

지난 2009년 오바마 미국 대통령이 노벨평화상을 받게 되었을 때 미국 국내와 세계 각처에서 여러 가지 반응이 나오고 있었다. 언론들은 대체로 '예상 밖의 선정'이라는 반응을 보이면서도 '노벨 위원회의 결정은 전임 부시대통령의 일방주의 외교에 대한 비판의 산물이며 남은 기간 오바마 대통령이 추구하는 국제 외교적 노력들이 더욱 진전되기를 바라는 원려(遠慮) 때문일 것'이라며 긍정적으로 분석하는 측면이 많이 있었다.

그러나 다른 한편에서는 '오바마 대통령이 아직 아무런 한 일이 없는데 그의 국제적인 인기도에만 의존했다는 비판을 초래할 수 있다'고 부정적인 시각을 보인 언론들이 많았다. 공화당 전국 위원회는 아예 노벨상 수상 소식에 노골적으로 불쾌감을 표시하면서 '오바마 대통령의 노벨상 수상은 매우 불행한 일'이라고 혹평하기도 하였다.

오바마 대통령이 '전략적 인내'라는 틀에 갇혀 북핵문제에 어떤 성과도 보인 것이 없는 것이 사실이다. 다만 체코의 프라하를 방문해 '핵무기 없는 세계 평화'를 강조한 데 이어 카이로에서 이슬람과의 불화를 끝내자고 역설했고,

이어서 동유럽에서의 MD 계획 철회, 유엔 안전보장이사회에서 핵확산 금지조약 강화를 주도하는 등, 국제무대에서 오바마가 대화와 참여라는 새로운 바람을 일으키고 있는 점을 세계는 주목하고 있었던 것이다.

오바마 대통령이 백인과 부유층과 공화당 등 기득권 세력으로부터 심한 견제를 받고 있었던 것은 세상이 다 아는 일이며 심지어는 노벨평화상 수상마저도 비판여론에 부닥쳤던 현실을 보면서 어쩌면 지난 시절 한국의 김대중 대통령의 경우와 그렇게 흡사한가 하고 역사의 아이러니를 말하는 사람들이 많이 있었다.

당시 원내 제1당이었던 한나라당은 김대중 대통령의 개혁정책마다 반대를 해 오다가 2000년 10월 노벨평화상 수상 소식이 전해지자 즉각 성명을 내고 '김대중 대통령은 노벨평화상을 받기 위해 로비를 벌였으며 그러기 위해 남북 정상회담을 했다'면서 '노벨평화상을 즉각 반납하라'고 주장했었다.

그 뒤를 이어 노벨상을 주지 말아야 한다고 얼마나 많은 모함과 반대가 있었는지 후에 군나르 베르게 노벨위원회 위원장은 '한국인들은 참 이상한 사람들이다. 김대중 대통령의 노벨상 수상을 반대하는 편지 수천 통이 전달되었다. 노벨평화상을 수상하는 나라에서 반대를 표시하는 편지가 날아온 것도 그렇지만 그것이 특정지역에서 날아온 것이라는 사실을 알았을 때 나는 경악하지 않을 수 없었다.'고 술회한 적이 있었다.

그리고 그때 스웨덴 주변에서는 일부 한국인들이 벌인

수상 반대, 저지, 공작타령을 두고 한국은 당분간 노벨상을 수상하기가 어려울 것이라는 말이 나돌기도 했었다. 노벨상의 권위는 그 오랜 역사성에도 있지만 수상자를 결정하는 과정에서의 투명성과 공정성, 신뢰성에서도 오는 것이다. 그 때문에 노벨상 수상자를 배출하는 것은 그 자체로 국격(國格)을 높여 주는 것이고 국민의 자존심을 높여 주는 일인 것이다.

대부분의 미국인들은 그때 평화상 수상이 오바마 개인이 아니라 변화하는 미국과 모든 미국인에게 주어진 영광으로 받아들였던 기억이 난다. 오바마를 이은 바이든 대통령은 오바마가 못다 한 그 일들을 매듭지어야 한다. 그래야 늦게나마 노벨 위원회에 부채를 갚는 결과가 된다. 바이든 대통령은 전임 트럼프 대통령이 시작한 싱가포르 회담 정신을 이어받아 한반도의 완전한 비핵화와 평화정착을 위한 불가역적인 진전을 이루어 주기 바란다. 그래야 그가 부통령으로 있었던 오바마 대통령의 불명예도 회복시켜 주는 일이 된다.

그리고 북한과 이란의 비핵화를 이끌어 내는 일 못지않게 미국도 언젠가 핵 없는 세상에 동참해야 한다. 같은 핵무기를 두고서도 내가 갖고 있으면 전쟁 억제용이고 남이 갖고 있으면 전쟁 도발용이라는 논리를 이제는 거두어들일 때가 되었는데 실적이 없었던 사람에게도 평화상을 수여하는 뜻이 여기에 있었을 것이다. 평화는 함께 만들어 가는 것이기 때문이다.

한미동맹 68년의 명암(明暗)

2021년은 정전협정 68주년이자 한미동맹이 결성된 지 68년째 되는 해이다. 3년 동안 300만 명이라는 끔찍한 인명손실을 보이며 끌어왔던 한국전쟁이 1953년 7월 27일 UN군 측과 공산군 측의 정전협정 체결로 휴전 상태에 들어간 것은 그나마 다행이었다. 곧이어 그해 10월 1일 한국과 미국은 전쟁 재발을 억제한다는 명분으로 한미상호방위조약, 즉 한미동맹을 맺게 되었다.

68년을 이어온 한미동맹은 그동안 휴전선과 서해상에서 일시적 충돌은 있었으나 한반도에서 전면전의 재발을 방지함으로써 작은 평화를 유지하는 요인이 되었다. 군사적인 면만이 아니라 긴밀한 경제협력으로 70년대 이후 한국이 빠른 성장을 통한 산업화의 길로 진입할 수 있었고 왕성한 인적 교류는 이 땅에 200만 한인이 옮겨와 사는 긍정적인 효과를 가져 오기도 하였다.

그러나 오랜 군사적 동맹체제는 부지불식간에 미국에 대한 종속적 관계를 심화시키면서 한국이 독립국가로서의 자주권 행사에 제약을 받게 된 것도 사실이다. 한국에 군사정권이 탄생하고 유지되는 데 미국의 비호가 컸다는 우려가 많았고 군산복합체 간 연결된 권력형 부패가 컸으며 미국의 동아시아 전략에 파묻혀 한반도 평화 통일이 지연되는 어두운 그림자가 짙어지고 있다.

한반도에 평화를 만들고 평화를 지켜나가는 일을 한민족이 주도하는 것은 당연한 일이다. 그럼에도 불구하고 남과 북은 스스로 그 권한을 방기한 채 미국을 통해 각자 분단지역의 이익을 증대시키려는 경쟁을 벌여오기도 했다. 누구보다 '우리 민족끼리'를 입버릇처럼 외는 북한이 정작 북미회담을 진행하면서 철저하게 한국을 배제하는 통미봉남의 정책을 써온 것이 그 한 예다.

대한민국에게는 명운이 걸린 한반도 평화문제가 트럼프 대통령 시대에는 미국 국내 정치의 유불리로 작동했으며 터무니없는 방위비 분담의 증액요구로 동맹을 한갓 편협한 사업적 거래자로 인식하는 견해를 갖고 있었다.

한때 미 국방부가 백악관에 주한미군의 감축을 제시했다는 설이 보도되었을 때 월스트릿저널은 이 같은 계획이 사실이라면 이는 시진핑을 가장 기쁘게 할 조치라고 꼬집었었다. 한국에 2만 8천 500명의 미군 병력이 주둔하는 것은 북한의 위협으로부터 한국을 방어하는 역할도 있지만 더 크게는 미국의 동아시아 다자안보가 주목적인 것을 미국은 망각하지 말아야 한다.

다행히 지난 5월 21일에 있은 문재인 대통령과 바이든 대통령과의 정상회담에서 미국은 한국이 오랫동안 요구해 온 남북관계 진전이 북미회담과 북한의 비핵화에 선순환이 된다는 점을 인식했을 뿐 아니라 42년 만에 미사일 지침을 폐기함으로써 군사주권을 일부 회복한 것은 다행한 일이다. 앞으로 진행될 전시작전권 전환 등에서도 반드시 한국의 자주권을 인정하는 쪽으로 결정되어야 한다.

이번 한미 정상회담에서는 한국은 미국이 원하는 반도체와 배터리 공급망 구축에 협력하고 해외원전 사업에도 공동 참여하기로 결정했다. 이것은 미국으로부터의 수혜국 입장에서 벗어나 당당한 호혜의 관계에 들어섰음을 선포한 것이다. 그리고 지금까지의 한미동맹이 단순한 안보위주의 군사동맹이었던 것을 경제 동맹, 글로벌 동맹으로 격상시켰다는 점에서 큰 의의를 찾을 수 있다

앞으로 미국은 한반도 평화에 적극 협조해야 한다. 그 길이 동아시아 평화는 물론 세계의 평화를 앞당기는 길임을 인식해야 한다. 이제 한미동맹은 새로운 시대에 걸맞게 계속 진화되어야 한다. 한미동맹이 지금까지 불균형의 '맹방시대'였던 시대를 벗어나 협력과 호혜의 '우방시대'로 전환되어야 한다.

미국은 대국(大國)인가, 소국(小國)인가

미국 헌법의 기초자 중 한사람인 제임스 윌슨은 이런 말을 했다. '로마인은 자국의 힘을 확장하려는 것이 아니라 세계의 주민들이 자진해서 로마로 쏟아져들어 옴으로써 확장된 것이다.' 로마가 뻗어날 수 있었던 비결이 관용이라는 것이다.

로마제국의 역사를 소재로 한 시오노 나나미 여사의 장편 소설 '로마인 이야기'를 읽다보면 15권을 관통하며 등장하는 단어도 개방성과 관용정신이다. 고대 로마는 다신교 사회였다. 그들은 자신들이 통합한 모든 이민족의 신을 자신의 신으로 받아들였으며 어느 특정 신만을 위한 신전이 아닌 만신의 판테온을 지었다. 수많은 이민족과 싸웠지만 그들의 종교와 사상과는 싸우지 않았으며 승자로서 우월감에 도취되어 타민족의 문화를 말살하지도 않았다.

미국이 한때 그 팍스로마나 정신을 이어가는 문화적 강국이 되는 듯했다. 건국초기부터 지켜온 소수자들에 대한 관용과 개방은 그들이 유럽 대륙에서 경험한 불관용에 대한 성찰에서 온 것이었다. 그리하여 군사력을 앞세운 폭력적 확장에도 불구하고 인종적 소수자, 종교적 소수자, 부의 소수자들에게의 관용은 미국을 세계에서 모범적인 지도국으로 세우는 데 부족함이 없었다.

많은 한인들이 미국을 동경하며 이민을 떠나온 60년대, 70년대만 해도 미국은 그런 나라였다. 그러나 상대적인 박탈감에 숨죽이고 있던 백인 중산층들이 9·11 테러와 그 이후 트럼프 대통령이 부르짖은 맹목적 애국주의와 미국제일주의에 편승하면서 미국이 점차 편협하고 오만한 나라로 가고 있었다는 평가를 받는다.

180만 명에 달하는 미국 내 불법체류 청년, 일명 드리머들이 추방위기에 내몰렸었고 쇄국주의의 상징인 듯 멕시코 국경에 장벽을 쌓고 가족초청이민을 사실상 폐지하고 있었다. 이러한 반이민정책으로 미국의 지성은 극도의 혼돈과 분노에 쌓이기도 했었다.

전 세계를 상대로 무역전쟁을 선포했던 트럼프 대통령은 무역 분야에서 한국은 동맹이 아니라고 말하면서 특별히 한국산 세탁기와 태양광 모듈에 대해 긴급 수입제한 조치를 발동하고 한국 철강 제품에 대해 53%의 높은 관세 부과를 제안하기도 했었다. 그러면 군사, 외교 면에서만은 미국이 동맹 한국에 금도를 보였어야 했다.

2018년 평창 올림픽 리셉션 당시 펜스 부통령이 보인 모습도 잊혀지지 않는다. 그날 펜스 부통령은 참석도 늦게 하고 갈 때도 남보다 일찍 떠나버렸다. 동맹국이 북한을 끌어들여 어렵사리 마련한 잔칫집에 가서 그렇게 화해 분위기를 흐려놓고 간 것은 상전 국가가 아니고서는 할 수 없는 일이었다.

이제는 모두 지난 이야기가 되었다. 바이든 정부는 지난 시기에 국제적으로나 국내적으로 미국의 전통적인 가치를 추락시킨 과오들을 하나하나씩 회복해 가고 있는 중이다. 모쪼록 바이든 대통령의 민주당 정부가 그 일을 성공시켜 미국을 대국으로 만들어 가야 한다. 지구 온난화 대책과 함께 백신과 치료제를 인류를 위한 공공재(公共財)로 사용하는 데도 앞장서야 한다. 그리고 지금은 머뭇거리고 있지만 멕시코와의 국경문제, 난민문제도 해결해야 한다.

공자는 대인(大人)과 소인(小人)을 구분할 때 대인은 옳고 그름을 따지며 소인은 이익을 따진다고 했다. 대인은 강자에게 강하나 소인은 약자에게 강하며 대인은 대화로써 문제를 해결하려 하지만 소인은 주먹질로 문제를 해결하려 한다고 했다. 우리 200만 한인이 첫 번째 조국인 한국과 둘도 없는 동맹으로 인식하는 미국이 결코 소국이 되기를 원치 않는다. 미국은 세계에서 가장 부강한 나라이기보다는 세계에서 가장 존경 받는 나라가 되기를 바란다.

미, 중 패권경쟁에서 한국이 사는 길

한반도가 요동치고 있다. 앵커리지에서 있는 미, 중 고위급회담에서는 미국의 블링컨 국무장관과 설리번 외교안보 보좌관이 미, 중 간 무역, 통상문제의 불균형 문제에 이어 신장 위구르족에 대한 탄압과 홍콩, 대만 등지에서의 인권 문제를 강하게 지적했다. 그러자 중국의 양체츠 국무위원과 왕이 외교부장은 작심한 듯이 반박하면서 '미국에는 미국식 민주주의가 있고 중국에는 중국식 민주주의가 있다'며 언성을 높혔다.

바이든 정부가 동맹국과 연대해 중국과의 패권 경쟁을 이어 갈 것이고 오히려 민주당의 전통적 가치인 인권과 정치의 개방을 요구하며 더 거세게 압박할 것이라는 것은 예상되었던 일이다. 그러나 중국의 대응이 조금은 의외다. 코로나 기간 동안 미국이 보여 온 난맥상과 다시 불붙은 인종 문제가 미국의 약점이라고 판단하고 중국 지도자들이 자신감을 얻은 표정들이다. 그래서 미국에 대해 적극적인 방어 내지 공세로 나선 것이다.

두 나라가 서로의 패를 다 보이고 말았다. 앞으로 바이든 정부는 중국과의 관계를 경쟁적, 협력적, 적대적이라는 세 가지 노선 중 경제, 기술은 강도 높은 경쟁적으로 끌고 가면서 군사 면에서는 패권유지를 위해 가능한 모든 수단을 동원할 것으로 보인다. 중국 또한 미국적 가치가 국제적 가치가 아닌 것을 세계에 알렸다고 자평하면서 앞으로 미국 쪽에 밀리지 않고 중국의 주권과 핵심이익을 지켜 나갈 것이라는 결의를 보였다.

현재 미국이 패권국가인 건 분명하고 군사력에서는 중국과 대비해 비교가 되지 않을 만큼 월등히 앞섰다. 그러나 경제력에서는 바이든 대통령이 '내 임기 내에 그럴 일은 없을 것'이라고 장담했지만 중국이 미국을 바짝 추격하고 있으며 어쩌면 곧 추월할 수도 있다는 보고가 나오고 있다. 최근 헨리 키신저 전 미 국무장관마저도 미국을 쇠퇴하는 강대국, 중국을 부상하는 강대국이라고 말한 적도 있다.

미국은 지금 국내정치 상황과 사회분열이 심각하지만 미국 정부의 이미지를 국내외에 심어가기 위해서는 중국에 대한 도전을 멈추지 않을 것이다. 중국도 국내 소수민족 사이의 민족주의 정서가 너무 강해 개방과 세계화로 이어진 행보를 방해하기도 하지만 미국의 외교적 압력에 굴하거나 패권국 경쟁에서 결코 밀리려 하지 않을 것이고 이러한 패권 다툼은 자칫 예측 불가능한 전쟁의 함정에 빠질 수도 있다.

아시아에서 미국과 일본, 인도, 호주가 쿼드로 연대하고 중국이 러시아와 북한과 밀착해 새로운 블록이 만들어지면서 이 지역이 냉전지대 화하는 것은 한국으로서는 최악의 상황이다. 한미 동맹도 어려워 질 수 있고 남북관계도 지금보다 더 대결국면으로 치달아 어쩌면 냉전시대를 능가하는 심각한 긴장국면이 조성될 우려마저 나오고 있다. 지금은 약소국의 프리미엄을 기대할 수도 없고 강국 중 어느 한쪽에 붙어 안보와 경제 모두를 보장 받던 시대도 아니다.

한국은 중국에 맞서 함께 협력하자는 미국의 요구에 동맹으로서 어느 정도 부응하면서도 중국을 자극하지 않도록 노력해야 하며 러시아와도 협력해야 한다. 지난 5월의 한미 정상회담에서 문재인 대통령은 대만해협을 둘러싼 미국의 대 중국 견제 움직임에 한발 다가선 모습을 보이기는 했으나 강대국 사이에서 비교적 균형은 잘 잡아가고 있는 중이다.

국내 보수우파들이 무조건 한미동맹의 가치만을 요구하는 것은 진보 정부를 해치려는 의도 때문인 것을 알지만 구한말 나라를 팔아먹은 친일 사대주의자들과 다를 바가 없다. 미국과 중국은 선택의 대상이어서는 안 된다.

언젠가 김대중 대통령은 이런 비유로 한국의 입장을 설명한 적이 있다. '한국은 도랑에 들어가 있는 소처럼 양쪽 둑에 있는 풀을 모두 뜯어 먹어야지 어느 한쪽에만 치우쳐서는 살아갈 수 없다'고 — 그렇게 가야 한다.

후버댐에서 본 미국

몇 년 전 정초에 뉴욕에서 온 딸아이 내외와 함께 후버댐에 다녀온 적이 있다. 라스베가스 시내에서 30마일밖에 떨어져 있지 않은 거리인데도 댐을 가로 질러 네바다와 애리조나주를 연결하는 철책다리의 보수공사가 해를 넘기는 바람에 2시간 이상 걸려서야 발전소까지 당도할 수 있었다.

경제공황에 허덕이고 실망에 빠져 있던 1931년, 미국인들에게 희망을 주고 경제 부흥의 계기를 마련하기 위해 착공된 후버댐은, 96명의 아까운 희생자를 내가며 5년간의 공사 끝에 미국에서 가장 높고 거대한 댐으로 건설되었다. 이렇게 해서 만든 후버댐에서는 지금 17개의 웅장한 발전기를 돌려 하루 약 135만Kw의 전력을 생산해 네바다와 아리조나는 물론 캘리포니아에까지 공급하고 있다니 그 규모를 가히 짐작하고도 남을 일이다.

경제공황을 겪어 낸 그로부터 90여 년이 지난 오늘, 코로나 시대를 거친 미국은 다시 그때 못지않은 위기에 봉착했으며 새로 출범한 바이든 정부에 엄청난 기대를 걸고 있는 중이다. 바이든 대통령은 그때 후버 대통령이 이 댐을 건설하면서 국민들에게 심어줬던 벅찬 희망과 자부심, 그리고 그 뒤를 이은 프랭클린 루즈벨트 대통령의 뉴딜 정책을 모델로 삼으려는 것으로 보인다.

마침 바이든 대통령이 2조 2,500억 달러의 초대형 인프라 투자 계획을 발표했다. 후버댐 공사를 연상시키는 대규모 도로, 교량, 공항 등 인프라 현대화를 통해 일자리를 확충하는 역사적인 경제 부흥책인데 자원 조달을 위한 부자와 법인세 인상에 공화당이 완강히 반대해 실제로 이루어질 것인지는 미지수다,

코로나 기간 전 세계에 불어 닥친 이 침체의 위기는 얼마나 더 갈 것인지, 자영업자들의 비지니스가 회복되기는 할 것인지 아무도 장담할 수 없는 불확실한 시대에 살고 있다.

마치 자본주의는 사회주의로, 사회주의는 자본주의로 옮겨가는 듯한 변화의 시대다. 동아시아에 불어오는 미중 패권경쟁에 따른 신냉전 구조, 그리고 우리에게는 남북문제, 북핵 문제까지 겹쳐 있어 위기와 불확실성은 도처에서 파도처럼 달려오고 있는 것을 실감하게 된다.

이러한 위기의 시대, 불확실 시대를 살아가자면 국가나 개인이나 어느 때보다 치열한 Insight, 즉 눈에 보이는 현상만이 아니라 그 너머에 있는 현상도 꿰뚫어 볼 수 있는 통찰력을 키워나가야 한다.

그러기 위해 전문가들은 우선 사물을 관찰하는 시각의 대 변화를 시도해보라고 권한다. 흔히 말하는 고정 관념을 버려야 하는 것은 물론이거니와 매우 익숙한 것으로부터의

탈출도 지금 같은 비상시에는 필요한 일이라는 것이다.

위기를 겪으면서 어떤 동맹도, 어떤 조직도 다른 국가나 개인의 생존을 보장해 주지 않는다는 것과 이 지구 위에 영원한 것은 없다는 냉혹한 경험을 하게 될 것이다.

한민족의 미래도 마찬가지이다. 급박하게 재편되는 세계의 권력구도에 일희일비 할 것이 아니라 어떤 동맹도, 어떤 이웃도 결코 한민족의 내일을 보장해주지는 못한다는 사실을 직시하고, 투철한 역사의식과 통찰력으로 접근해야 한다. 미래는 다가오는 것이 아니라 만들어 가는 것이기 때문이다.

아시아 지역 내 군사폭력사태

미얀마 사태가 갈수록 악화되고 있다, 유엔과 미국 등 국제사회가 나서 군부의 권력포기와 구금자 석방 등을 촉구하고 경제 제재의 압박을 가하고 있음에도 불구하고 미얀마 유혈 사태는 진정될 기미를 보이지 않고 있다. 미얀마에서 전해오는 군부에 의한 참상은 마치 1980년 5월 광주를 연상시킨다. 5월 10일 현재 이미 사망자가 800명을 넘어선 가운데 미얀마 군부세력은 무차별적으로 국민을 탄압하자 아웅산 수지 국가고문 측은 소수민족과 함께 국민통합정부를 만들어 대항하고 있지만 역부족인 것 같고 갈수록 내전으로 치닫고 있는 것으로 전해진다.

이웃 태국에서도 지금 왕실개혁을 촉구하는 반정부시위가 치열하게 전개되고 있다. 지난 2014년 5월에 일어난 쿠테타 이후 태국인들은 군부 독재의 억압에서 살고 있는데 태국 군부는 7년에 걸쳐 시민의 자유와 기본권을 제한하는 폭력정치를 자행해오던 중 지난 9일에는 올해 광주 인권상 수상자인 아논 남파 씨 등 인권 운동가 4명을 구금한 것으로 전해졌다.

지난 세월 식민지 통치라는 불행한 역사를 겪은 아시아

민중들은 그동안 많은 지역에서 식민주의자들이 가한 정치적 압제에 항거하고 민주주의 회복을 위하여 투쟁을 계속해 왔다. 이 지역의 특색은 최근 수십 년 동안 극단적인 민족주의와 왜곡된 이데올로기, 인종과 종교의 차이 거기에 빈부의 차이까지 극심해지면서 다양한 형태의 분규와 폭력사태를 겪고 있다는 점이다. 미얀마가 해결해야 할 또 다른 문제, 로힝야 난민사태도 그 중의 하나다.

41년 전 광주에서 엄청난 국가 폭력사태를 경험한 한국 국민들은 광주의 경험을 광주에만 머물러 있지 않게 하기 위해 지난 2011년부터 광주 인권상을 제정해 2년마다 시상해 오고 있다. 광주의 5·18 기념재단은 아시아 지역에서 부당한 권력과 제도에 맞서 싸우며 억압받고 소외된 사람들과 함께 해온 인사와 단체들을 발굴해 광주 인권상을 시상해오고 있는 것이다.

그런데 태국군부는 바로 2020년 광주 인권상 수상자인 아논 남파 씨와 타마삿 대학연합시위전선 소속 파릿 치와락 씨, 그외 다른 2명의 인권운동가들을 왕실모독죄 등으로 구금했다고 한다.

아시아 지역 내 국가들은 식민지배에서 벗어난 뒤 스스로 엄청난 권력을 누려왔다. 그들은 국민의 자유와 권리를 억압하는 법률을 만들었고 외국 정부나 자본과 결탁해 국가 자원을 약탈했다. 부패와 족벌별정치가 만연했으며 권위주의는 시민의 권리와 자유를 억압하는 국가 이데올로기로 발전해 갔다. 세계 주요 지역들 가운데 유독 아시아만이 그들의 권리와 자유를 보호하기 위한 지역 공통의 공식 헌장이나 지역 기구가 없다는 것은 특이한 현상이다.

그러나 이제 민주주의와 인권과 평화를 쟁취하기 위한 아시아인들의 오랜 투쟁에 대해 주변 국가들은 더 이상 방해하거나 자국의 이익으로 활용하려는 기도를 멈춰야 한다.

모든 인간은 평화롭게 살 권리를 갖고 있다. 5.18 기념재단이 매년 5월 18일을 '유엔 지정 세계 군사주의와 권위주의 방지의 날'로 제정하려 하고 있는 것도 그와 같은 대의를 위해서다. 군사주의와 권위주의는 국민의 일상적 생활과 인권을 파멸시키며 약육강식, 승자독식, 폭력과 공격적 성향만을 강요해 인간의 모든 것을 말살시키고 있는 것이다.

아시아 지역에서 전쟁의 폐허 위에 민주주의와 경제발전을 동시에 이룩한 한국은 미얀마에서도 민주주의가 실현되는 날까지 미얀마 국민을 적극 도와야 할 것이다. 미얀마와 태국을 비롯해 우리가 사는 땅 위에서 군사주의는 하루 빨리 완전하게 축출되어야 한다. 해외의 다인종 사회에서 살고 있는 우리 한인들도 아시아 지역 내에서 일어나는 이 같은 폭력행위에 결코 무관심해서는 안 된다.

중국은 우리에게 무엇이어야 하나

베이징공항에 도착했을 때는 이곳에서야 흔히 겪는 기온이지만 대륙성기후에서 오는 그 끈끈하고 후덥지근함이 다른 나라에 왔다는 것을 실감하기에 충분했었다. 그런데 같은 사회주의 국가이면서도 지난해 갔었던 러시아와 현격히 다른 점은 공항 어디에서도 바로 그 사회주의 냄새를 철저히 배제하고 있었다는 점이다.

"중국은 생각했던 것보다 훨씬 더 무서울 정도로 성장하고 있는 나라구나" 이러한 충격은 중국에 머물러 있었던 8일 내내 머릿속에서 지워지지 않고 있었다. 서울에서 온 박 교수는 전공이 중국경제학이라 한 달에 한 번꼴로 중국에 온다는데 그의 눈에도 중국은 올 적마다 달라지고 있다는 것이다. 그러니 서방세계에서 우려하는 "중국 위협론"이 반드시 허풍만은 아니라는 생각이 들었다.

이러한 때 한중수교 15주년을 기념해서 비록 민간차원이기는 했지만 100여 명의 국내외 학자들과 전문가들이 베이징 시내의 중국 중앙민족대학에서 만나 "한반도 해빙시대를 맞아 한중관계의 새로운 모색"이라는 주제를 가지고 사흘 동안 심도 있게 토론을 벌인 것은 매우 시의적절한 일이었다.

이 포럼에서는 중국공산당의 국제전략전문가인 장롄구이 교수를 비롯해 중국의 한반도문제 전문가들과 다수의 조선족 출신 교수들도 참석해 주제발표를 하거나 토론을 벌이면서 민감한 문제에까지 서로의 이견을 좁혀나간 것은 큰 성과라고 할 수 있겠다.

한국 역사에서 중국을 빼면 설명이 안 되듯이 중국의 역사에서도 한반도를 제외하면 불완전한 역사가 될 수밖에 없다. 그래서 한국과 중국과의 관계를 설명할 때 흔히 순망치한이니 동상이몽이니 하는 표현을 자주 사용해 왔다.

지정학적으로나 정치, 외교, 경제면에서 그만큼 밀접해 왔다는 것인데 과거 어느 때보다도 수교 15주년을 마지하는 지금이 한국과 중국으로서는 떼려야 뗄 수 없는 특별한 관계가 된 것을 도처에서 발견할 수가 있었다.

인천공항에서 베이징공항까지는 불과 1시간 반 남짓한 거리였고 이 두 도시를 비롯해 한국의 6개 도시와 중국의 30개 도시 사이에는 지금 하루 평균 100편이 넘는 비행기가 왕복하고 있으며 지난해 한 해 동안 양국을 오간 여행자는 482만 명이었는데 그 가운데 392만 명은 한국인이었다니, 한국사람들은 하루 1만 명이 넘는 숫자가 중국을 찾은 셈이다.

실제로 만리장성과 천안문등을 둘러볼 때 평일인데도 구름 같은 인파의 절반은 시골에서 온 중국 사람, 그리고 절반은 한국 사람으로 보였다. 그 모습은 마치 60년대 중반 한국에 몰려다니던 일본관광객과 흡사했었다.

무역관계도 눈부신 성장을 거듭해 지난해 두 나라의 교역액은 1천 300억달러를 넘어 중국은 지금 한국 최대의 무역대상국으로 자리 잡고 있다는 것은 이미 알려진 일이다.

중국은 지금 미국 경제전문지 'Fortune'이 지적한 대로 지구상, 역사상 가장 빠른 경제성장을 기록하고 있는 나라다. 중국 사람들의 소비열풍도 대단해 베이징시내 웬만한 식당이면 30분 이상 줄서서 기다리는 게 다반사인데 지난 노동절 때 베이징에서 유명한 어떤 오리구이 요리점에서는 하루 매상으로 120만위안(1억 4,400만원)을 올려 화제가 됐었다고 현지 특파원이 전한다.

중국의 부상은 분명 한국에 양날의 칼이 되고 있다. 중국의 무서운 성장과 이에 따른 지각변동을 현지에서 지켜보며, 북핵 해결에 이어 한반도와 동북아의 평화와 안정이 최대 소망인 우리로서, 이제 "중국은 우리에게 무엇인가"를 넘어 "중국은 우리에게 무엇이어야 하는가"에 초점을 맞춰 한중관계를 보다 적극적이고 진취적으로 설정해야 될 것이라는 생각을 갖게 된다.

포럼에 참가한 중국 길림대학 장혜지 교수의 훈수가 귓전에 남는다. '한국과 북한은 각기 한미동맹과 조중동맹을 중시해야 합니다. 그러면서 자주적으로 남북이 먼저 문제해결에 접근하면 한반도는 아태시대의 희생자가 아니라 승리자가 될 수 있습니다.'

러시아가 오고 있다

제7회 세계 한민족포럼에 참가하기 위해 모스크바 공항에 도착했을 때 받은 첫인상은 과거 사회주의 종주국답게 가슴을 짓누르는 뭔가 우중충하고 음습한 분위기였다. 그러나 시내로 들어가면서 그 인상은 차츰 변해 곳곳에서 개발과 서구화가 눈에 띄게 다가오며 마침내는 충격으로 자리잡고 말았다.

냉전의 해체와 소련의 붕괴 이후 영토가 축소되고 경제가 파탄되었던 러시아가 20여 년 만에 빠른 속도로 다시 일어나고 있는 모습을 보았기 때문이다. 그런데 매우 흥미있는 일은 과거 유가의 폭락이 소련의 붕괴를 촉진시켰다면 오늘의 유가 폭등이 러시아의 부흥에 일등공신이 되고 있다는 사실이다.

모스크바는 부동산 붐으로 주택가격이 상승하고 세계에서 가장 높은 생활비가 드는 도시가 되었으며 또 세계에서 벤츠가 가장 많이 팔리는 도시가 되었다는 것인데 우리가 숙소로 머물렀던 모스크바 강변의 대형 우크라이나 호텔에는 외국인은 물론 내국인 단체 관광객으로 북새통을 이루고 있었다. 그것은 마치 1960년대 말 서울의 말죽거리에서 봤음 직한 졸부들의 행렬이었지만 거리에는 30~40년은 족히 됐음직한 깡통자동차들이 즐비하게 굴러다니고 있는 것도 오늘 모스크바의 모습이었다.

이 성장의 중심에 푸틴 대통령이 서 있었다. 푸틴에 대한 국민적 지지는 대단해 헌법을 고쳐가면서 그가 계속 집권해야 된다는 국민적 합의가 이루어져가고 있는 것이 현지 분위기였다.

빠른 경제적 성장과 정치적 안정위에 이제는 외교로 눈을 돌리고 있는 러시아. 러시아의 국장(國章)으로 채택된 쌍두 독수리의 머리 하나는 유럽을 그리고 다른 하나는 아시아를 보고 있다는 상징성을 지니고 있다. 그러나 아시아를 향한 독수리는 그동안 잠들어 있었던 것이 사실인데 소련의 붕괴 이후 전선이 다양해지고 경제적·군사적 필요성이 높아지면서 지금 러시아에는 아시아의 부활이 눈에 띄게 나타나고 있었다.

푸틴의 모교인 상트 페테르브르크대학의 강당에서 「Korea－Russia의 협력과 미래」라는 주제로 나흘동안 벌인 포럼에서는 한반도 전문가이며 상원의원인 이그로 로가체프 외교 아카데미 원장인 유리 포킨 한러친선협회 회장이며 이타르통신 사장인 이그네이 텐코 그리고 외무성 한국과장인 리우 보미르 등이 참석해 의견을 개진하고 토론을 경청하며 정책에 반영하겠다는 의사를 나타낸 것은 큰 성과라고 할 수 있었다.

이전의 역사는 그만두고라도 러시아는 한반도의 해방과

분단, 북한정권의 수립과 한국전쟁에 깊이 개입돼 있어 오늘날 한반도 문제의 해결에도 상당한 책임과 협력의 위치에 있다고 봐야 한다. 더구나 지금 한반도를 둘러싸고 있는 4대국 가운데 비교적 객관적일 수 있고 대북, 대남관계에서도 대등한 관계를 유지하고 있는 러시아이기에 한반도평화 통일에도 가장 적극적 역할을 기대할 수도 있는 것이다.

미국에 바이든 정부가 들어서면서 미, 중 패권 경쟁이 심화되고 한편에서는 한반도 문제의 6자회담설이 나오고 있을 때 러시아의 외무장관과 국방 차관이 차례로 한국을 방문한다. 아시아 동쪽에서 대륙의 관문이 되는 한반도가 그들에게도 중요한 장소인 것을 알기 때문이다.

러시아는 이미 북한의 라진 항과 두만강변의 러시아 하산 간 철도를 개통한데 이어 장차 동해북부선과 시베리아 횡단철도(TSR)의 연결 사업이 이루어지면 러시아에게는 시베리아 극동지역의 경제 발전을, 한반도에는 통일시대를 앞당기는 기폭제가 될 것이 분명하다.

거기에 겹쳐 앞으로 북극 항로까지 열리면 세계는 문화사적으로 엄청난 변혁의 시대를 맞는다. 무서운 속도로 러시아가 달려오고 있다. 역사의 흐름을 놓치지 말아야 한다. 원래 한국의 북방외교의 목표는 러시아였다.

고려인에 관심을 기울이자

일제 강점기에 조국을 떠나야 했던 한민족 가운데 구 소련 영토에 흩어져 사는 고려인(까레이스키)들이말로 가장 불운한 시절을 보낸 사람들이다. 이들에게 고려인이라는 명칭이 생긴 것은 조선도 한국도 아닌 고려라는 중립적 표현을 쓴 것으로 한반도의 분열이 낳은 특수한 역사의 산물이었다.

이들이 처음 러시아의 연해주 등지로 가게 된 것은 구한말의 기근 때문이었으나 그 뒤로 항일운동을 위해서 간 독립 운동가들도 많았다. 이들은 1937년 중일전쟁이 일어나자 스탈린에 의해 '일본인 첩자'라는 이유를 들어 시베리아를 거쳐 중앙아시아로 강제 이주해 엄청난 고생을 하게 되었다. 그때 강제 이주를 당한 인구는 18만 명 정도였다.

고려인의 인구는 대략 50만 명으로 러시아와 우즈베키스탄, 카자흐스탄, 우쿠라이나, 타지키스탄 등지에 살고 있는데 대부분 그 사회에 뿌리를 내리며 농업을 비롯한 다양한 직종에서 근면하게 살고 있었다.

그러나 독립국가 연합의 각 원주민들이 민족국가의 성격을 나타내기 시작하면서 이들 고려인들의 설 자리가 좁아져 더러는 러시아로 옮겨오거나 부모들이 떠나온 연해주로 재이동하는 사례가 일어나고 있는데 모스크바로 간 사람들은 그런대로 전문직 등에 종사할 수가 있으나 연해주의 경우는 경제 사정이 매우 열악해 지금 정착에 상당한 어려움을 겪고 있다고 한다.

연해주로 들어오는 사람들의 사연은 다양하다. 부모가 오자고 해서 온 사람, 한국이 가깝다는 이유로 온 사람, 그리고 아이들에게 약소민족인 우즈베키스탄이나 카자흐스탄 말보다는 러시아말을 가르치기 위해 이주해온 사람들도 있다고 한다. 그러나 군사시설 외에 산업이 발전되지 않은 연해주 땅은 일자리가 어려워 고생들을 많이 하고 있다고 한다. 그렇다고 중앙아시아로 다시 돌아갈 수도 없는 매우 힘든 세월을 보내고 있다고 한다.

한국정부나 다른 지역의 해외동포들이 특별히 연해주지역과 그곳에 살고 있는 고려인들에게 각별한 관심을 가질 필요가 있다고 생각한다. 연해주는 역사적으로 한국과 매우 밀접한 관계를 갖고 있을 뿐 아니라 지정학적으로도 이곳은 장차 중국의 훈춘, 통천 지역과 북한의 나진, 선봉, 연해주의 핫산 지역을 연결하는 동북아 중심거점이 될 수 있는 곳이기 때문이다.

이 지역에는 이미 유엔 개발계획 주관으로 한국과 북한, 중국 러시아, 몽골등 5개국이 합자해서 두만강 프로젝트가 추진 중에 있는데 러시아와 몽골의 원자재를 가져다 중국의 노동력을 이용해 가공한 다음 북한의 나진항을 통해 한국과 일본 그리고 미국등지로 수출하게 된다는 것이다. 이 사업이 완성되는 날 중국의 동북 3성과 함께 러시아의 연해주 지방은 동북아시아의 자유무역지대로서 가장 각광 받는 지역이 될 것이 분명하다.

이런 점에서 장차 러시아와 중국과 북한 사이에 자리 잡고 있어 통일의 디딤돌이 될 수도 있는 연해주에 주목하고 거기 살고 있는 고려인들을 도와줌으로써 그들이 우리 한민족의 동질성을 느낄 수 있도록 관심을 가져야 한다.

어렵기로는 동북 3성에 사는 중국 조선족도 비슷하지만 그들의 상당수는 이미 한국과 미국, 유럽 등지로 진출해 달러를 벌고 있는 점에서 차이가 난다.

고려인들은 이미 조선족, 북한 사람, 남한 사람 간의 매개역할을 하고 있다, 이질감, 단절감이 뿌리 깊은 남북한 사이를 중재함으로써 고려인들은 통일의 디딤돌 역할도 하고 있다. 지구 저편에 남아 고통의 세월을 보내고 있는 우리 동포들에 더욱 애정을 기울임으로써 함께 살아가야 할 한민족의 국제 경쟁력을 높여 가는 일에도 기여해야 될 것이다.

일본은 지금

내가 네 번째로 일본을 찾은 것은 건국 60주년이 되는 2008년이었다. 당시 6자회담이 진전되면서 한반도의 분단 극복을 위해 주변국인 일본의 호의적인 협조가 어느 때보다 필요한 때 일본 동경에서는 "신한일시대를 맞아 동북아의 새로운 역학구도와 한반도"라는 주제로 제9회 세계한민족 포럼이 열렸었다.

일본이 동경만을 매립해 의욕적으로 건설한 신도시 오다이바 지역에서 90여 명의 국내외 석학과 전문가 그리고 한인사회 지도자들이 참가해 한반도 문제에 관한 여러 가지 중요한 대안을 제시했는데 아무래도 개최국인 일본의 입장과 환경이 제일 큰 관심사일 수밖에 없었다.

한국과 일본은 가깝고도 먼 나라가 아니라, 가깝고도 가까운 나라였다. 인천공항에서 비행기를 탄 뒤 조간신문을 뒤적이며 겨우 두 시간 남짓한 시간을 보냈을까, 기내방송은 어느새 나리타 공항에 도착했음을 알리고 있었다. 캘리포니아의 남단에서 북단에 이르기까지보다 짧은 거리다.

여전히 동경의 거리는 깨끗하고 질서가 있으며 사람들은 친절했다. 다만 내가 다녀간 10여 년 전에 비해 다른 점은 거리 표지나 공공건물 안내판에 반드시 한글이 붙어 있었다는 사실이었다. 가만히 살펴보면 아주 다른 점이 또 있었는데 그것은 80년대 중반까지만 해도 줄곧 미국을 따라잡겠다며 욱일충천, 자신감 넘치던 모습은 어디가고 전반적으로 시민들이 매우 차분해지고 사회 분위기에 허장성세가 빠져 있었다는 점이다.

이런 현상은 정치적으로도 나타나고 있었는데 근대 이후 계속해 동아시아에서 힘의 중심에 있었던 일본이었으나 이제 중국의 부상과 남북화해에 불안감을 느낀 나머지 한반도 정책에서 우왕좌왕하고 있을뿐더러 아시아에 관해 매우 복잡한 마음을 갖고 있는 것이 확연해 보였다.

일본은 한반도 평화통일과정에 대하여 정치, 외교, 경제적 지지기반으로 해서 일정수준의 역할과 기여를 바라며 미래지향적으로 역사에 대한 화해를 원하는 관용정책과 함께, 일본판 네오콘과 군사적, 지정학적 지지기반으로 해서 북한과는 적대적 관계를 유지하며 통일 한반도에 전략적 견제체제를 갖추려는 이른바 봉쇄정책의 두 날개를 펼치고 있었는데 어느 날개에 더 힘을 주느냐는 그때그때 미국의 정책동향과 일본 국민의 여론에 좌우되고 있다는 것이다.

시내 곳곳에는 헌법 개정을 요구하는 자민당 청년 행동대의 확성기 소리가 섬짓하게 들리고 있었지만 아베총리를 거치며 일본 내 개헌지지 세력은 현저히 줄어들었다. 지금의 스가 내각은 오직 강력한 후원자인 미국에만 매어 달리며 중국이나 한국 등 주변국에 몰염치하고 안하무인의 자세를 버리지 못하고 있다. 후꾸시마 원전의 오염수 방류만 해도 그렇다. 가장 피해를 볼 한국에는 한마디 협의도 없이 일방적으로 통고하며 미국 정부의 결재서(?)만 흔들어 보이고 있다.

한국은 일본정부에 대해 원칙을 갖고 일관성 있게 대응해 나가야 한다. 그러면서 일본에는 팽창주의 외에 또 다른 날개가 있다는 것도 봐야 한다. 밤낮없이 시내를 시끄럽게 만드는 보수우익세력의 야욕은 경계하되 일본 내 양심적인 지식인과 활발한 접촉을 벌임으로써 남북만이 아니라 동아시아에서 새로운 패러다임의 공동체로서의 접근을 모색할 필요가 있다고 생각된다.

그 때문인가, 태평양을 건너오며 내내 머릿속에 맴돈 화두는 "세계화와 민족주의의 융합"이었다.

통합만이 우리가 살 길입니다
-6.15 서부위원회의 통합에 즈음하여-

역사의 흐름에 관심을 갖고 있는 한 사람의 역사 학도로서 오늘, 2009년 7월 24일은 해외 통일운동사에서 중요한 날짜로 기록될 것임을 믿습니다. 오랜만에 만나는 얼굴들, 노래 제목 같습니다만 이렇게 만나니 정말 반갑습니다.

오늘 이 뜻깊은 통합의 산파 역할을 해주신 오인동 박사님과 홍성현 목사님께 그 공을 돌리고 싶습니다.

역사에는 늘 두 가지 흐름이 있는 것을 우리는 압니다.

하나는 끊임없이 분열하고 독립하려는 움직임이고 다른 하나는 연대해서 통합해 가려는 움직임입니다.

분열이 과거 잔재의 해체과정이라면 통합은 미래를 열어 가려는 화해의 과정입니다.

우리는 오늘 쉽지 않지만 후자를 택했습니다.

왜 통합을 했느냐, 대답은 우문현답처럼 매우 간단합니다.

우리는 통일을 지향하는 단체이기 때문입니다.

그래서 생각이 다른 점이 있더라도 우리가 하고자 하는 일이 바로 그 다른 점을 인정하고 그 속에서 어떻게 더불어 살아 나갈 것인가를 추구해나가자는 통일이기 때문에

통합을 한 것입니다

여느 친목단체거나 봉사단체라면 두말할 것도 없이 생각이 같고 취향이 같은 사람들끼리 만나야 재미도 있고 능률도 오를 수가 있습니다.

그러나 통일 단체는 같은 생각을 가진 사람들끼리만 만나면 별 의미가 없습니다.

통일단체 중에서도 우리는 6·15공동선언을 실천해나가는 단체입니다.

그래서 앞으로 6·15서부위원회를 끌어가는 동안 우리 스스로가 6·15정신을 실천하려 노력하겠습니다.

6·15공동선언 제1항에는 "남과 북은 나라의 통일문제를 그 주인인 우리 민족끼리 서로 힘을 합쳐 자주적으로 해결해 나가기로 하였다"로 되어 있습니다. 이번에 우리들의 통합도 남측이나 북측, 해외 측 어느 쪽의 관여가 아니라 우리 스스로 자주적인 마음으로 그렇게 했다는데 큰 뜻이 있습니다.

앞으로 우리 6·15서부위원회의의 통합은 같은 아픔이 있었던 미국 내 다른 지역과 유럽등지에도 큰 자극을 주게 되고 거기에도 오래지 않아 통합의 역사가 일어나게 될 줄 믿습니다.

6·15공동선언 제2항에는 또한 "남측의 연합제안과 북측의 낮은 단계의 연방제안이 서로 공통점이 있다고 인정하고 앞으로 이 방향에서 통일을 지향해 나가기로 하였다"고 선언했습니다.

이 정신으로 우리 서부위원회도 운영되어야 한다고 생각합니다.

공통점이 있는 것을 우선 강조하고 그런 다음 같지 않은 점은 서로 이해하고 같아지려 노력해야 합니다. 그런데도 상이점이 극복되지 않은 점이 있다면 그 점 때문에 상대방을 비난하고 이질시 할 것이 아니라 6·15 밖에서 그 다른 점을 나타낼 수 있도록 서로 양해하고 인정해야 합니다.

끝으로 우리 서부위원회를 비롯해 미국위원회의 역할과 위상의 극대화에 노력하겠습니다. 지금까지 해외 통일 운동의 근거지는 일본과 유럽이 될 수밖에 없었던 특수한 역사성이 있었습니다. 그 역사성을 부인해서는 안됩니다. 그러나 시대가 흘러 이 시점에서 해외동포의 역할이 가장 요구 되는 국가는 미국이라는 점에 부인할 사람은 없을 것입니다.

우리가 바라는 북핵문제의 평화적 해결과 한반도 평화협정도, 북미관계의 정상화도 모두 미국이 그 한쪽의 당사자입니다.

미국을 설득하고 미국을 이해시켜 지금 잘못 가고 있는 역사의 물꼬를 돌리는 작업은 우리 미국에 사는 Korean American의 역사적 소명입니다 그 일을 해나가는 데에 우리 서부위원회의 온 역량을 경주해 나가십시다.

2009년 7월 24일

제 4 장

한인사회의 빛과 그림자

굳세어라, 코리안 아메리칸!

1988년, 서울에서 88올림픽이 열리던 그 해를 전후해서 해외에 사는 이민자들에게는 겪어내기 힘든 갈등의 고비가 있었다. 어려웠던 시절 한국을 떠나와 낯선 땅에서 피땀 흘리며 새로운 삶을 살아보자던 이민자들에게 올림픽 때 가서 보고 온 서울이 떠나올 때와는 너무나 다른 세상으로 바뀐 것에 놀랍고 당황했던 것이다.

이민자들은 자존심을 먹고 산다. 그 자존심에 상처를 받으면 흔들리고 만다. 이민자들 모두가 경제적인 부유함만을 좇아 해외로 나온 것은 아니었으나 몰라보게 달라진 부의 격차로 이민 생활의 가치가 한 순간에 무너지며 정체성의 혼란이 일어난 것이다. 그 뒤로 수년 동안 역이민 현상이 일어났었는데 그 중의 많은 분들은 다시 미국으로 돌아오기도 했었다.

32년 후인 2020년, 코로나라는 대전염병이 지구촌을 덮쳐 왔다. 우리가 살고 있는 미국도 예외는 아니어서 연일 그 확산세가 수그러들지를 않고 있었다. 세계에서 군사력과 경제력이 가장 앞선 미국이라고 무슨 탁월한 예방과 치료를 바란 것은 아니었지만 적어도 후진국 수준은 아닐 것이라는 기대가 있었는데 그 믿음과 자존심이 산산이 부서져 버리고 말았었다.

그러나 정권이 바뀌어 바이든 정부가 들어선 뒤 신속한 백신접종과 통 큰 재난지원금의 지급 그리고 기후협약 복귀 등으로 모처럼 미국에 사는 자존심을 회복해 가는 중이었다. 그러나 호사다마(好事多魔)라고, 때 아니게 아시안 이민자들에 대한 증오범죄가 만연되면서 곤욕을 겪는다.

증오나 혐오를 일으키는 요인에는 두 가지가 있다. 하나는 상대방에 대한 멸시나 비하 때문이고 다른 하나는 시기나 질투에서 온다. 이번의 증오범죄가 '우한 코로나'에 대한 비하 때문이라고는 하지만 실은 아시안 문명에 대한 질투에서 비롯된 것이라는 점 때문에 결코 가벼워 보이지가 않는다. '아시아가 오고 있다'—이것은 역사의 흐름이며 미국도 심각하게 인식하고 있다.

일본이 선두에 있었지만 지금은 중국과 인도의 부상(浮上)이 두드러진다. 그리고 뒤이어 한국이 달려오고 있다. 백신 수급에서는 다소 혼란을 겪은 한국이 방역에는 성공한 결과 2020년 국내총생산 GDP 지표에서 브라질을 제치고 10위에 올라섰다. 코로나 19의 악재 속에서도 현대와 기아자동차의 미국 시장 점유율은 계속 늘어나 2020년 말 기준 8.9%를 기록했다고 한다. Costco 매장에는 삼성 TV와 LG 냉장고 등 전자제품에 이어 CJ 식품이며 농심, 풀무원, 대상 등 한국산 먹거리들이 곳곳에 진을 치고 있다.

그런가 하면 '미나리'에 출연한 윤여정 씨가 아카데미 시상식에서 여우조연상을 받아 지난 해 봉준호 감독의 '기생충'에 이어 큰 감동을 안겨주었다. 이에 앞서 BTS 방탄소년단의 노래는 빌보드 싱글 1위를 차지한 데 이어 2020 베스트셀러 아티스트로 선정되었다. 문화에서는 인종의 벽을 넘어섰다.

그러나 미국 내 아시안 증오범죄가 계속해 보도되자 '괜찮으냐', '떠나야 되지 않느냐'며 걱정하는 전화들이 서울에서 걸려온다고 한다. 겨우 팬데믹을 떨치고 먹고살 준비를 하고 있던 이민자들에게 거센 차별의 파도가 덮쳐왔다. 타향살이가 걱정 없을 때 사람들은 고향을 잊는다. 그러나 떠나와 사는 곳이 고달프고 위험할 때면 두고 온 고향의 익숙한 장소, 푸근한 인정을 그리워한다.

본시 모종한 꽃이 자리 잡자면 오래 걸리고 잘 못하면 시들시들해질 수도 있다. 뒷마당에서 앞마당으로 옮겨온 꽃이 그럴진대 항차 5,500마일 떨어진 이국땅에 옮겨진 이민자의 삶이 자리 잡기까지 곡절을 겪는 건 당연한 일인지 모른다.

우리 이민자들은 조금은 특별하고 조금은 독한 데가 있는 사람들이다. 특별하지 않고서야 어떻게 이 먼 땅으로 이민을 결행했으며 독하지 않고서야 어떻게 모진 폭동을 지진을 이겨내며 여기까지 올 수 있었겠는가. 고국의 성장과 한인사회의 저력이 우리의 자산이다. 바람찬 흥남부두에서 '굳세어라 금순아'를 불렀던 비감한 심정으로 서로를 끌어안아야 한다. 굳세어라, 코리안 아메리칸!

어머니, 어머니 나라

올해도 어김없이 4월은 잔인한 달이었다. 멀리 4·19 혁명까지 가지 않더라도 7년 전 세월호 침몰사고로 자식을 잃은 어머니들의 통곡소리와 그들의 아픔에 같이 한 국내외 동포들의 눈물이 마르지 않는 가운데 4월이 훌쩍 지나가 버리고 다시 'Mother's Day'를 맞는다.

어머니의 눈물은 우리에게 무엇이고 어머니는 과연 우리에게 어떤 사람인지를 다시금 깨우쳐주는 계절이다. 어머니 이야기가 나오면 나는 돌아가신 이 원재 선배님을 떠올린다. 학교와 방송국의 대 선배시며 내가 꼭 닮고 싶은 분이셨는데 사물에 대한 올곧은 판단과 정의감도 그렇지만 예악(禮樂)에도 능통하시어 창과 대중음악도 좋아하시고 그림에도 일가를 이루신 그야말로 신언서판(身言書判)을 고루 갖추신 훌륭한 어른이셨다.

그러나 내가 이 선배님을 존경하는 이유는 그런 일 못지 않게 그 분의 남다른 가족관, 부모에 대한 지극한 효성 때문이다. 전라남도 보성군 조성면이 고향이라고 하셨는데 선배님은 해마다 한 번씩 고향을 내려가셨다. 그런데 고향에 내려가시는 날이 추석 같은 명절 때도 아니고 부모님

돌아가신 기일도 아닌 바로 본인 생일 날 선배님은 고향을 내려가시는 것이었다. 물론 부모님은 이미 계시지 않고 혼자되신 형수님이 살고 계시는 그 고향집에 당신 생일날만 되면 어김없이 혼자서 기차를 타고 그 곳을 찾아가시곤 했다.

고향집을 찾아가 그 옛날 당신의 어머니가 어쩌면 다시는 신어 보지 못할는지도 모른다며 하얀 고무신을 깨끗이 씻어 가즈런히 놓았던 그 댓돌을 지나 당신을 낳으신 그 건너 방에서 하룻밤을 주무시면서 그날 어머니의 산고를 기억해 보신다고 했다. 그리고 그 이튿날 일찍 뒷동산의 어머니 산소를 들러 본 뒤 서울로 올라오시는 일이 선배님의 생일 행사의 전부였다.

아버지의 그런 모습을 보고 자란 출가한 딸들도 자기네 생일 때면 부모님 집에 오지는 못하더라도 꽃을 보내거나 무슨 감사의 표시를 하며 지낸다는 이야기를 들었다.

제2차 세계대전 당시 나치군인들이 유대인들을 아우슈비츠 수용소의 가스실에 집어넣고 독가스를 뿜어댔을 때 한 유대인이 목숨이 넘어가는 순간에 그 수용소의 벽에 손톱으로 쓴 글은 바로 '나의 어머니'였다. 어머니는 그렇게 위대한 사람이다.

교회의 글 모임에서 "나의 어머니"라는 제목으로 수필을 써보게 하는 시간이 있었는데 쓰는 글마다 어머니는 그대로 눈물이고, 그리움이고 회한이었다. 이민자들에게는 더욱 남다른 눈물이 있기 마련인가 보다.

어머니가 내게 베푼 사랑과 희생을 생각하듯이 우리는

또 떠나온 나라, 우리의 모국이 우리에게 안겨준 사랑과 자긍심 그리고 사명까지도 뿌듯하게 받아 들여야 한다. 어머니가 오늘 우리를 여기까지 있게 한 것과 마찬가지로 어머니 나라의 발전과 변화가 없었다면 오늘 우리 이민사회는 한없이 초라했을 것이기 때문이다.

'회초리를 들긴 하셨지만
차마 종아리를 때리시지는 못하고 노려보시는
당신의 눈에 글썽이는 눈물,
와락 울며 어머니에게 용서를 빌면
꼭 껴안으시던,
가슴이 으스러지도록 힘찬 당신의 포옹…'

박목월 선생이 쓰신 '어머니의 눈물'이란 시다. 우리 어머니들과 또 우리의 모국이 낯선 땅에서 살고 있는 우리를 그렇게 으스러지도록 꼭 껴안아 주고 있을 것을 믿는다. 어머니와 자식은 본시 하나였기 때문이다.

작아지는 아버지

'Mother's Day'가 끝나자마자 백화점과 가게들은 다음 달에 있을 'Father's day' 세일 광고로 옷을 갈아입는다. 그리고 널리 알려져 있지 않지만 7월의 네 번째 일요일은 'Parent's Day', 9월 들어 Labor Day가 지난 다음 첫 번째 일요일은 'Grandparent's Day'로 지켜진다. 지나치게 핵가족의 가치만 강조되는 미국에서 하루라도 부모나 조부모들을 생각하는 날이 있다는 것은 그나마 다행이지만 그러자니 번번이 그냥 지나가 버릴 수 없는 아이들이 걱정이긴 하다.

가장 좋기로는 그럴 때마다 세일광고를 하며 판촉 효과를 기다리는 장사하는 사람들일 것이다. 그 사람들의 마음으로는 '이모의 날', '고모의 날'도 있었으면 할는지 모른다. 어찌 됐던 모두가 코로나를 거치면서 경제적으로 힘들고 어려운 터널을 지나고 있는 중인데 이런 날들을 계기로 모쪼록 소매경기가 회복되고 경제가 바닥을 지났다는 신호가 확실하게 보여지기를 바랄 뿐이다.

그런데 해마다 백화점의 매상 통계를 보면 '어머니 날'과 '아버지 날'은 비교가 되지 않는다. 매상만이 아니라 세상에서 알아주는 비중으로도 '아버지 날'은 '어머니 날'의 절반도 안 되는데 어머니를 기리는 애틋한 마음이 아버지에 견줄 바가 아닌 것은 당연한 일이다. 그럼에도 불구하고 우리가 살고 있는 이민가정에서 아버지의 존재가 너무나 위축되고 날이 갈수록 작아만 지는 것이 안타까울 뿐이다

그래서인가, 남가주에 어느 때부터인가 '아버지를 살리자'는 운동과 함께 '아버지 학교'나 '좋은 아버지 모임' 같은 낯선 이름들이 등장하기 시작했었다. 이민 사회에서 아버지의 실패, 아버지의 실종이 꼬리를 물고 있는 때라 수긍이 가는 일이었다.

무관 제왕으로 이 땅에 발을 들여 놓은 뒤 대부분 막노동을 하거나 장사를 시작해야 하는 가장들에게 더 이상 가정을 덮어 줄 만한 사회적 지위도, 존경받을 권위도 없어져 버렸다. 거기다가 이민사회의 적응도 제일 더딘 때문에 이민사회의 아버지는 어느 날 갑자기 2등병으로 강등돼 버린 4성 장군의 모습처럼 초췌하기 이를 데 없어 보였다.

이민 가정의 불행은 종종 여기서 출발하고 있었다. 부인에게 손가락질 받고 자식에게 따돌림 받는 아버지들이 손쉽게 택할 수 있는 길은 폭력과 마약과 이혼, 그리고 자살 같은 인생의 마지막 방법이었다. 이 모두가 아버지의 실패, 아버지의 실종에서 비롯된 일이다. 그래서 우리 주변에 살아 있지만 죽어 버린 아버지가 너무나 많기에 '아버지를 살리자', '아버지를 살리는 길이 가정을 살리는 길이다.'라는 운동이 벌어진 것이다.

직장을 잃은 사람들이 많은 요즘에는 한국에서도 마찬가지라고 하지만 그래도 거기서는 아버지의 사회적인 지위가 가족 구성원들에게도 그대로 옮겨져 가장이 사장이면 부인과 자녀들도 사장처럼 살아가는 곳이었다.

그러나 모든 걸 훌훌 털고 이 땅에 발을 들여 놓은 뒤 노동을 하거나 스몰 비즈니스를 운영하는 경우가 대부분인 이곳의 가장에게는 한국에서처럼 부인이나 자녀들을 덮어줄 사회적 지위 같은 우산이 없어졌고 존경받을 만한 권위도 없어진 것이다.

언젠가 한국에서도 베스트셀러가 되었던 '아버지라는 이름의 큰 나무' 원어로는 'Papa, My father'라는 책이 있었다. 1924년 Los Angeles 의 한 이태리 가정에서 태어난 레오 버스카글리아라는 교육자가 자신의 아버지를 추억하며 쓴 책인데 같은 이민가정인 우리에게도 특별한 감명을 준다.

자식들은 끊임없이 아버지가 간 길을 찾아서, 그러나 다른 한편으로는 아버지를 극복하면서 성장해간다고 한다. 이민사회의 아버지들은 이 땅에서 참으로 무엇을 위해 그토록 치열하게 살아 왔는지를 보여주어야 한다. 비록 작고 성공하지 못한 모습이라도 아버지의 삶의 궤적을 안 다음에야 자식들은 아버지의 세계를 팽개쳐 버리고 승어부(勝於父)도 할 수 있기 때문이다.

한국계 정치인의 영역

우리가 일본의 죄악사를 떠 올리게 될 때면 생각나는 미국 정치인이 있다. 마이크 혼다 전 하원의원. 지금은 은퇴했지만 캘리포니아 17지구에서 내리 10선의 민주당 하원의원을 역임하면서 일본군 위안부 사죄 결의안을 발의해 통과시키는 등, 일본이 저지른 전쟁범죄에 대해서 우리 한인들 못지않게 지속적으로 규탄하고 반성을 촉구해온 일본계 정치인이다.

아픔을 겪어본 사람만이 다른 이의 아픔을 이해할 수 있다고 했던가, 마이크 혼다 씨는 2차 대전의 막바지였던 어린 시절 콜로라도 일본인 강제수용소에 들어가 남다른 고통을 경험한 사람이다. 그는 청년시절에는 산호세 지역에서 교육계에 봉직하다가 1996년 정계에 투신한 이후 일본군 위안부 문제에서부터 무슬림 차별 반대운동에 이르기까지 평생을 인권운동에 헌신해왔다.

한국계 의원이 없던 때에 마이크 혼다 씨는 한인들에게는 더없이 가까운 친구였지만 모국인 일본으로부터는 숱한 비난과 협박을 받았을 것이다. 다행히 이제는 네 명이나 되는 한국계 정치인이 하원에 입성했고 그 가운데 미셸 스릴 박의원은 교통위원회로 가고 앤디 김, 영 김, 메릴린 스트릭랜드 등 세 의원은 외교위원회에서 일하게 돼 앞으로 그 분야에서의 활약에 기대가 크다.

때마침 하버드 대학 램지어 교수가 일본군 위안부 피해자들을 매춘부로 규정해 국내외 한인들은 물론 미국 학계에서마저 강하게 항의를 받자 본인이 실수를 인정하기에 이르렀다. 학교 기부금조로 일본 전범기업체에서 돈을 받아오기도 하고 친일인사에게 주는 '욱일중수장'이라는 상도 받은 이 허접스런 교수의 논문으로 우리가 너무 오랜 시간을 낭비할 필요는 없다.

한일관계는 문재인 정부는 물론 바이든 미 정부마저 조속히 개선되기를 바라고 있지만 결국은 스가 일본 총리가 피해자 앞에 나와 일본정부의 범죄 책임을 인정하고 사죄와 반성의 마음을 표현하는 길밖에는 없다. 바이든 대통령은 뜬금없이 일본에게 과거 일본인 수용소에 대한 사과를 했는데 그 정신으로 일본에게도 동맹 한국에 입힌 상처에 대해 사과하도록 종용하는 것이 옳다. 한국계 정치인들은 미국과 일본을 향해 이 같은 노력을 기울여야 할 것이다.

하원의원 네 명 이외에도 국무부에 성 김 동아시아 태평양 담당차관보 대행과 정 박 부차관보 등이 들어가 있고 외곽에는 빅터 차, 죠셉 윤, 데이비드 강, 수미 테리 씨 같은 외교 전문가그룹이 자리 잡고 있다. 하지만 의회나 행정부에 한국계 인사가 있다는 것만으로 한국이나 한인 이민사회에 반드시 긍정적인 효과가 있는 것은 아니다. 그

가운데 일부는 미국의 강경 우파 못지않은 보수적인 사고로 미국의 기본입장만 지지해 온 사람도 있다.

어디까지나 그들은 미국의회의 의원이고 미국 행정부의 관리라는 신분을 우리가 이해한다. 그렇다 치더라도 아무 생각 없이 미국 주류사회의 이익에나 앞장서고 미국정부에 재능기부자로만 머무르지는 말아야 한다. 한국의 대북전단 금지법에 국무부가 이의를 제기할 때면 그것이 미국에게는 표현의 자유이거나 인권문제일 뿐이지만 한국에게는 그보다 절실한 국민의 안전과 생명문제이고 민족의 통일문제라고 설득할 수 있는 담대한 역량을 갖춰야 한다는 것이다.

한국계 정치인들은 한일 간 문제나 한반도 평화문제 외에도 폭증하는 아시아계 증오범죄 대책, 코로나 이후 더욱 심각해진 소수인종 커뮤니티의 경제회생 방안 등으로 영역을 넓혀야 한다. 그들은 각자 맡은 자리에서 미국이라는 큰 공동체를 위해 일하되 한국인의 영혼을 지니면서 조국의 염원이 무엇인가를 항상 인식하고 있어야 한다. 소수인종 출신이 주류에 영합만을 바라는 조급한 처세는 소인배들이나 취하는 동이불화(同而不和)의 일그러진 모습일 뿐이다.

우리들의 '아리랑'을 위하여

코로나 팬데믹에 갇혀 1년을 넘긴다. 살아오는 동안 이렇게 힘들고 고통스런 세월이 또 있었을까. 그 전염병으로 가까운 친구를 3명이나 잃었고 알게 모르게 더 많은 아픔들이 주변에서 전해졌었다. 최악의 두려움과 최악의 경제 상황 속에서 보내야 했던 2020년은 우리 이민자들에게 특별히 견디어내기 어려운 시간이었다.

로스앤젤레스 시내로 향하는 도로나 출퇴근 시간의 메트로 링크가 한가해진 모습이 결코 반갑지 않은 것은 직장을 잃고 등교길이 막혀 집에 앉아있을 우리들의 이웃이 떠오르기 때문이다.

팬데믹 기간의 재택근무 사정도 있었지만 마켓에 가보면 확실히 이제 30대나 40대 청년들이 한인사회의 주역이 되고 있음을 어렵지 않게 발견한다. 그런데 노인들 가운데는 세상일에 근심과 불만을 혼자 껴안고 살아가고 있는 분들이 많은 것에 비하면 젊은이들은 지금 어려움을 겪으면서도 미래에 대하여 매우 긍정적인 생각을 하며 희망의 끈을 놓지 않고 있는 것이 얼마나 대견해 보이는지 모른다.

세월은 그렇게 가고 있다. 세월이 바뀌면 사람이 바뀌는 것이고 사람이 바뀌면 생각도 바뀌는 것이기에 어른들이 완고한 마음을 버리지 못해 이민사회의 발전이 늦어진다 하더라도 걱정할 일은 아닌 것 같다. 냇물도 때로는 그 흐름을 막으려는 돌멩이와 바위를 만나지만 물보라를 잠시 일으킬 뿐 흐르는 물을 막을 수는 없는 것을 안다.

집에 갇혀 지내는 동안 언젠가 이민 100주년 기념으로 만들어 주류 방송에서도 두 번이나 방송된 바 있는 '아리랑'을 찾아내 다시 볼 기회가 있었다. 이야기는 1903년 1월 인천항을 출발하는 선박으로부터 시작한다. 그로부터 100년 동안의 긴 여행, 이민자는 나그네이고 나그네는 여행자다. 그래서 1부는 'Korean American의 여행'이라고 했다. 그 100년 동안 나그네가 걸어온 길에 얼마나 많은 눈물과 아픔과 회한이 배어 있었는지 모른다.

감독을 맡은 탐 고프만씨는 전 편에 '아리랑' 음악을 배음으로 깔면서 나그네가 겪은 일들을 비교적 담담하나 섬세하게 끌어간다. 그러나 거기에는 분명 꿈이 있었다. 그래서 2부는 'Korean American의 꿈'으로 설정하고 나그네들이 이 땅에서 꿈을 이루어 가는 과정을 펼쳐가고 있었다.

'아리랑'을 보고 있는 사이 또 다른 우리들의 이민이야기 '미나리'가 주류사회에 널리 알려지더니 윤여정 씨가 한국 영화사상 처음으로 아카데미 여우조연상을 받아 우리를 기쁘게 해준다. '미나리'의 작가 겸 감독인 정이삭 씨는 40년 전 부모를 따라 아칸소 시골마을로 이민을 와 할머니와 부모들과 함께 살아가고 있는 씩씩하나 재미있는 이야기를 펼쳐준다.

때마침 미국사회에서 아시안계에 대한 증오범죄가 큰 이슈가 되고 있을 때라 새삼 이민자의 정체성을 돌아보게 하는 계기가 되었다.

세월이 지날 때마다 우리는 역사를 생각한다. 이민 100주년을 보낸 지 20년 만에 이 땅에 사는 한인 이민자들은 심한 좌절과 고통을 겪고 있는 중이다. 그러나 우리는 88 서울 올림픽 직후 이민의 정체성에 대한 혼란도 겪어 봤고 90년대 초 연이어 지진과 폭동 등 인재와 천재도 용케 이겨낸 역사를 갖고 있다. 그래서 우리들 미완의 꿈은 반드시 이루어질 것이라고 믿는다.

'아리랑'과 '미나리'를 보면서 우리 이민자들이 각자 개인의 이민사도 그렇게 기록해 봤으면 하는 생각이 든다. 그것은 '우리들의 아리랑'이며 '우리들의 미나리'다. 가족마다 이민을 떠나온 나름대로의 사연과 이 땅에 옮겨와 저마다 치열하게 살아온 기록들은 모두가 소중한 역사다. 요즘은 영상 기술들이 많이 보급돼 문자 기록과 사진, 동영상을 묶어 가족 다큐멘타리를 만들되 원고는 영어로 만들고 내레이션은 자녀들 목소리를 쓰는 것이 좋겠다.

개인의 역사가 모여지면 우리 한인사회의 이민사가 된다. 그런 점에서 이민자 한 사람, 한 사람의 발자취는 매우 중요한 것이다.

해외동포사회의 정체성

2020년 통계로 재외 동포 분포는 미국 254만 6천명, 중국 246만 1천명, 일본 82만 4천명, 유럽 68만 7천명, 캐나다 24만 1천명, 우즈베키스탄 17만 7천명, 베트남 17만 2천명, 러시아 16만 9천명, 호주 16만 7천명 등 모두 749만 3천명으로 되어 있다.

중국이나 이스라엘, 이태리, 인도와 같이 대규모의 재외동포를 갖고 있는 나라들은 재외동포를 자국의 경제발전과 세계화 전략에 활용하려는 적극적인 노력을 하고 있다. 앞으로 우리 한민족도 남북협력시대를 대비하고 탈냉전, 세계화, 개방화의 시대적 흐름 속에서 해외 동포의 활용은 중요한 과제로 등장하고 있다. 한민족 공동체 형성이 시급한 것이다.

한국에 '재외동포의 출입국과 법적지위에 관한 법률' 약칭 재외동포법이란 게 있다. 2008년에 처음 제정된 뒤 지난해 2월에도 일부 개정된 법률인데 이 법에서는 대한민국 국민으로서 외국의 영주권을 취득했거나 영주할 목적으로 외국에 거주하고 있는 사람을 '재외국민'이라고 하고 대한민국의 국적을 가졌다가 외국국적을 취득한 사람은 '외국

국적동포'로 구분하고 있다.

그런데 한국에서는 아직도 그 좁은 국토에서 어쩌자는 것인지 외국국적동포를 민족 구성원으로 보지 않으려는 속 좁은 시야의 사람들이 많다. 그런 시각은 법률이나 제도상으로도 나타나고 있는데 과거 '외국국적동포'에게는 3개월 체류밖에 인정해주지 않았으나 관할 출입국 관리소에 거소 신고를 하면 체류기간이나 재산상의 많은 편의를 제공하고 있는 것은 다행한 일이다.

그러나 그 법의 목적이 부동산 처리를 위한 장년층이나 고국에서 여생을 보내려는 노년층을 위해서도 그렇지만 고국을 위해 일하려는 젊은이들에게 더 많은 혜택이 주어져야 한다. 그리고 1948년 이전에 출국한 재중, 재러 동포들에 대한 차별대우는 계속되고 있는데 거주국과의 외교적 마찰 때문이라고 하지만 그들 동포들을 위해서 조속히 개선되어야 할 일이다.

아울러 현행 복수국적법의 불합리성도 조속히 개정해야 한다. 한국의 현행 국적법에 다르면 미국에 사는 부(父)나 모(母)가 한국 국적이면 그사이에서 태어난 2세는 한국 국적을 보유하는 복수 국적자가 되는데 18세 이전에 국적이탈신고를 하지 않으면 자동적으로 한국의 병역의무가 부과된다. 그 때문에 한인 2세들이 가만히 있다가 병역 기피자로 불이익을 받는 모순된 법 조항을 하루속히 개정해 주기 바란다.

그리고 재외국민 가운데 일시체류자는 몰라도 영주권자

들에게마저 국내 참정권을 부여한 것은 해외동포사회를 위해서 득보다는 해가 더 많은 것이 사실이다. 하지만 기왕 재외국민들에게 투표권을 줄 것이면 광대한 나라의 영사관 등에 한정된 투표소를 만들어 형식적으로 하지 말고 우편 투표제를 도입해서 실제적으로 투표권을 행사할 수 있는 환경을 만들어 주어야 한다.

한국이 해외동포를 한민족 연대의 한 당사자로 인정하고 열린 민족주의의 개념으로 가능한 한 본국 거주자와 동등한 권리를 부여 하는 것도 중요하지만 어떻게 하는 것이 현지에서 한민족의 뿌리를 내리며 살아가는 데 도움되는 것인가에 관심을 기울여 한국어와 한국역사를 교육하는 데 더 많은 투자를 해야 할 것이다.

해외동포들로서는 민족의 정체성을 지킨다는 것과 현지의 다른 민족으로부터 폐쇄적, 배타적으로 비춰지지 않도록 하는 두 가지 노력을 동시에 기울여 나가야 한다. 21세기 경쟁력의 원천은 다양성에서 나온다. 현실적으로 다민족, 다문화가 형성된 이상 단일 민족에서 오는 편협한 마음을 깨뜨리고 열린민족주의의 마음으로 다양화, 국제화, 세계화로 나가는 데 힘을 모아야 한다.

한인사회 지성인들과의 대화

대통령에서부터 어린 소녀에 이르기까지 — 서울에서부터 시드니, 토론토, 로스앤젤레스에 이르기까지 — 2019년 8월 한 달 내내 국내외 한민족 모두의 가슴 속을 뜨겁게 달군 것은 일본에 대한 미움, 아베에 대한 규탄이었다. '독립운동은 못했습니다. 불매운동은 하겠습니다' 이 구호가 가장 집약된 한국인의 마음이었고 그 마음은 곧 제2의 독립운동으로도 비쳐졌다.

바로 얼마 전 우리는 3·1운동과 대한민국 임시정부 수립 100주년을 기념하는 기념식을 가지면서 다가올 100년을 내다보는 부푼 꿈을 꾸고 있었는데 다시 또 독립운동이라니… 외세의 침략을 막아내고 식민지배를 벗어나는 일이 우리 현대 민족운동의 주된 과제였으나 아직도 독립운동의 끈을 놓지 못하고 있는 것은 74년 전 우리의 광복이 참된 광복이 아니었음을 뜻한다.

1876년 강화도조약을 체결한 이래 한일 불평등 체제가 아직도 진행 중이었다는 사실을 새삼 깨닫는다. 1951년 샌프란시스코 강화조약이 그랬고 1965년 한일기본 조약에서도, 2015년 위안부 합의마저도 애초의 불평등을 깨뜨리지 못한 채 우물쭈물하다가 이지경이 되다니… 대한민국 정부수립 100년이 되는 해에 다시 일본과의 불평등체제의 종식에 나선 것은 부끄러운 일이다.

우리는 상대방을 아는 일에 너무 무심했다. 저들이 섬나라 왜국이라고 깔보기나 하고 미국의 푸들이 되어(?) 전후 다시 경제 대국으로 일어선 것을 비웃기나 했지 저들의 흉계, 저들의 저력에 대해서는 애써 모른 척 했던 게 사실이다. 일이 불거지자 여기저기서 흥분하고 규탄하는 목소리는 크게 들려도 무엇이 문제인가를 차분하게 들여다보려는 흔적은 보이지가 않았다.

과거 조국이 위기에 처했을 때 거금의 독립자금을 모아 독립운동을 지원했으며 지금은 해외 최대의 이민사회를 형성하고 있는 남가주 한인사회가 그 일을 하는 것은 당연한 순리라고 생각했다. 해외민주통일연대는 한 사람이 아니라 여러 사람의 의견을 한자리에서 들어보되 가능한 한 명망있는 지성인과 각 분야 전문가들을 모시고 다양하고 종합적인 진단을 해보기로 했다.

다행히 역사 사회학적인 면을 진단해 줄 대학 교수, 한국과 일본에서 공부한 문화예술인, 정치 안보에 능통한 언론인, 경제 무역의 현장경험이 풍부한 경제인등 다양한 분야의 지성인 네 분을 한자리에 모실 수 있게 되어 한인 사회 초유의 대토론회 '우리에게 일본은 무엇인가'를 마련할 수가 있었다.

우리에게 일본은 무엇인가를 풀어나가는 첫 번째 관문에

서 청중들은 '일본은 과연 어떤 나라인가'에서부터 흥미를 갖기 시작했다, 일본은 뻔뻔하고 무서운 나라다. 일본은 계륵 같은 존재다. 일본은 열등감과 우월감이 뒤범벅이 된 나라다. 일본은 영원히 가깝고도 먼 나라다. 그래서 우선 일본을 정확하게 알아야 하는데 원한과 분노는 큰 에너지를 주지만 그것만으로는 안 된다고 했다.

지성인들이 제시한 해법은 차분하나 단호했다. 아베 정부가 주도한 한국에 대한 무역보복과 평화헌법 폐기 시도 등으로 동아시아 평화는 크게 위협 받고 있다는 사실을 지적하고 '일본은 한국인들에 가한 고통과 비극에 대하여 형식적이 아니라 진심으로 사과하고 하루 속히 상생의 정신으로 나올 것'을 촉구했다. 아울러 한국에 대해서는 '누구로부터도 무시 받지 않을 자강능력을 키워 한반도 평화와 동아시아 번영의 주역으로 당당하게 나아가라'고 주문했다.

한인사회는 이제 목소리 크거나 욕심 많은 갈등의 주역들만 모여 사는 곳이라는 오명을 벗어야 한다. 차분한 지성의 목소리를 경청하며 다인종과의 평화로운 공존 속에서 갈등의 치유를 체험하고 조국의 위기 극복에도 적극적으로 동참하게 되었으면 한다.

기차를 타고 다니면서

기름 값이 또 크게 오르고 있다. 코로나 이후 경제활동이 재개되면서 수요는 늘어나고 있으나 지난 겨울 미국에 불어 닥친 한파로 난방용 기름 사용이 급증한데다 정유소 정비가 원만치 않은 탓이라고 한다. 전문가들은 몇 년 안에 유가가 100달러대를 돌파할 것이라고 내다보고 있어 다시 자동차 개스 값을 신경 쓰기 시작하게 되는 것은 아닌가 걱정된다.

LA로 매일 출퇴근하던 시절, 나는 1주일에 한두 번은 꼭 기차를 타는 습관을 들여 놨었다. 그때는 아직 개스 값이 오르기 전이라 자동차로 움직이는 것보다 비용이 더 들기는 했지만 운전할 때 프리웨이에서 갇혀 있는 시간이 너무 힘들고 지루했기 때문에 편하게 LA를 올라가기 위해 기차를 타기 시작했었다. 올라가는 일이 뜸해진 요즘에도 곧잘 기차를 이용하곤 한다.

지금 생각해도 재미있는 일은 기차를 처음 탈 때의 그 설렘과 두려움이다. 이민 초기에 관광회사의 안내를 받아 산타 바바라까지 여럿이 함께 기차를 타본 일이 있기는 했었지만 출근길에 기차를 탄다는 것은 상상도 하지 않았었다. 그날 아침 물어물어 정거장을 찾아내기는 했으나 허허벌판에 역사도 없고 역무원도 보이지 않아 기차표 사는 것이 너무나 막막했었다. 다행히 한쪽 구석에서 밴딩 머신을 찾아내 이리 누르고 저리 누르기는 했으나 기차가 들어올 시각이 되었는데도 기차표가 나오지 않아 얼마나 당황했었던지…

중학교 다닐 때 황간역에서 서울 가는 기차를 기다리자면, 목이 빠져라 기차가 오는 추풍령고개 쪽을 쳐다보고 있게 되는데 조금 있다가 '쉭쉭' 하는 기운 찬 소리와 함께 뜨거운 증기를 뿜어 대고 위풍당당하게 들어오던 증기 기관차의 추억이 있었다. 그런데 메트로 링크의 기관차는 '땡땡 땡땡' 하는 종소리를 내며 들어와 마치 그때 시골학교의 친절한 종소리를 연상시킨다.

2층으로 되어 있는 객차에 올라가면 시야도 좋고 안락하기가 그만인데 더러는 테이블이 있는 좌석도 있어 거기에 앉아 컴퓨터를 켜 놓거나 책이나 신문을 읽는 분위기에 빠지다 보면 기차로 가는 40분은 너무나 짧은 시간이다. 기차역에 개찰구나 출찰구가 없는 대신 이따금 검표원이 지나가며 기차표를 조사하지만 무임승차로 적발되는 사람을 한 번도 본 적이 없을 만큼 서로 믿고, 믿어주는 그 신뢰의 관계가 얼마나 기분 좋은 일인지 모른다.

'기찻길 옆 오막살이'는 미국도 역시 마찬가지이지만 빨래줄 너머 올망졸망 모여 있는 아이들에게서 때로는 평화로움을 본다. 기차가 유니온 역에 가까워지면 한참 동안

로스앤젤레스 강을 끼고 달려가는데 강이라고 하지만 깨끗하게 청소된 시멘트 바닥 사이로 조그만 물줄기가 흐르고 있는 것이 고작이고 강변으로는 능수버들이나 자카란타를 대신해 울긋불긋한 낙서들만 늘어져 있으나 자주 보면 그것도 그리 흉해 보이지가 않는다.

메트로 링크는 LA 유니온 역을 중심으로 오렌지 카운티와 리버사이드 등 모두 7군데의 노선을 운행하며 지하철이나 버스를 연계해주고 있다. 고유가 시대를 살아가는 지혜와 친환경으로 지구를 살리는 일에 동참하는 마음들로 해서 기차를 이용하는 인구는 줄어들기보다는 아마도 계속 늘어날 것으로 보인다. 이사한 뒤로 최근에는 메트로 링크 대신에 LA까지 더 촘촘이 연결돼 있는 메트로 서브웨이를 자주 이용한다.

바이든 대통령이 상원 의원 시절 36년 동안이나 앰트랙 기차로 워싱턴 DC와 필라델피아를 출퇴근했다는 이야기는 유명하다. 기차 단골손님이 되다 보니 기차역 직원들과 오랫동안 친숙해져서 가족들 생일 케이크도 나누고 한다. 나는 내일도 기차 타는 재미를 즐기면서 LA를 다녀오고 싶다.

LA의 대중교통을 살려야 한다

한국에 다니러 갔다가 LA에 돌아왔을 때의 첫 번째 느낌은 공항에서부터 하늘이 맑고 공기가 깨끗하다는 점이다. 그런데 이게 웬일인가, 뉴저지에 가 있다 LA공항에 도착했을 때 받은 인상은 마치 미국에서 살다 서울에 도착했을 때처럼 하늘은 뿌옇고 공기가 답답한 그런 느낌을 받았다.

LA는 가히 자동차의 도시라 할 만큼 700만대가 넘는 자동차에다 그것도 혼자 운전하는 사람이 77%나 돼 매우 혼잡한 교통량을 보이는 도시로 되어 있다. 그러니 여기서 나오는 자동차 배기가스의 위험도는 심각할 수밖에 없다. 설상가상으로 요새는 겨울에도 산불이 빈번하니… 그 때문에 LA는 오존 농도와 매연 오염도에서 한때 미국 최악의 도시라는 오명을 쓴 적이 있었다.

그래서 캘리포니아 주는 지난 몇 년 동안 연방 정부와는 별도로 공기 질 관리에 발 벗고 나서 자동차 배기가스를 엄격하게 규제하기 시작했다. 그 결과 지금은 매연 오염도에서 LA가 미국 200개 도시 가운데 7위로 내려갔으며 1999년 초미세먼지 오염일 수가 연중 68일이었던 것에 비해 지난해에는 9일로 대폭 줄어들었다고 한다. 그리고

2040년부터는 전기차, 수소차 등 무공해 자동차만 팔 수 있게 하고 있다.

그러나 근본적으로 LA가 더 맑은 하늘을 찾아오자면 대중교통 이용률을 더 높이는 수밖에 없다. 뉴욕이 LA보다 훨씬 심한 과밀인구와 고층건물을 갖고 있음에도 불구하고 일정 수준의 대기를 유지하는 것은 바로 대중교통이 발달돼 있기 때문이다. LA가 버스 시스템은 잘 돼있지만 지하철은 1990년에서야 선을 보여 아직도 LA에 지하철이 있다는 사실조차 모르는 사람이 많고 설사 안다 하더라도 어떻게 이용하는지 모르는 사람이 대부분이다. 그러니 대중교통 이용률이 3%밖에 되지 않는다고 한다.

뉴욕에서는 50% 이상의 시민들이 지하철을 이용하고 있다. 2019년 가을 뉴저지에 한 달 이상 머무는 동안 뉴욕과 뉴저지의 지하철과 기차를 자주 이용했었다. 한때 뉴욕의 지하철은 불결하고 범죄의 온상처럼 여기는 선입관이 있었으나 이번에 가서 보니 서울보다야 못하지만 역사며 기차 내부가 상당히 깨끗해졌고 이용하기에 매우 편리하게 개선되고 있었다. 거기에다 노후화된 지하철 시스템에 10억 달러를 들여 리모델링 사업을 벌인다고 한다.

LA에서도 오는 2028년 LA올림픽을 앞두고 대대적인 지하철 확장 계획을 벌여 나가고 있는데 특히 한인 타운을 동서로 관통하는 지하철이 현재는 웨스턴이 종점이지만 2023년에는 미라클 마일 지역, 2025년에는 센추리 시티, 그리고 2028년에는 UCLA가 있는 웨스트우드까지 가게 되며 2025년까지는 지하철 또는 경전철(light rail)로 LA 국제 공항을 이용할 수 있게 된다.

그러나 대중교통의 확장 못지않게 필요한 것은 지금의 버스나 지하철, 그리고 역사를 청결하게 관리하며 더 많이 이용하도록 홍보하는 일이다. 메트로 링크를 제외한 메트로 서브웨이나 메트로 버스는 너무 불결하다는 불평이 많다. 특히 지하철의 시트와 바닥을 자주 청소하고 역구내와 열차 내부의 조명을 뉴욕처럼 밝게 만들어 음습한 인상을 없애야 한다.

코로나 19가 창궐하면서 메트로 버스나 지하철 이용도가 크게 줄었다. 그래서 LA 메트로에서는 팬데믹 기간에 잠정적으로 실시해오던 요금할인정책을 확대, 연장해서 오는 2023년 6월 말까지 모든 학생들과 저소득층에게는 무료로 대중교통을 이용하게 만들었다.

트럼프 대통령 시절 탈퇴했던 유엔 기후변화협약회의에 미국이 다시 복귀하고 거물 정치인 존 케리 전 국무장관을 기후특사로 임명한 것은 잘한 일이다. 지구 온난화 대책은 인류가 해야 될 매우 시급한 과제다. LA에 대중교통을 살리면 대기 오염도도 줄이고 관광객들을 더 많이 유치할 수 있으며 교통난 문제도 해결하고 시민들의 경제부담도 줄이는 1석 4조의 효과를 보게 될 것이다.

교회가 사회에 걱정을 끼쳐서야

소설가 박완서 선생은 '못 가본 길이 더 아름답다'라는 책을 썼지만 오늘 우리가 처음 가보는 코로나 바이러스라는 길은 너무 참담하고 혼란스러울 뿐이다. 건강만이 아니라 경제, 산업, 문화, 종교 등 삶의 모든 일상들이 동시에 멈춰버린 이 상황이 도무지 감당하기 힘이 든다.

본시 인간은 사회적 동물인데 '사회적 거리두기'라는 생경한 규율을 뒤집어 씌워 지금까지 맺어온 모든 사회적 관계, 인간관계를 일시 중단케 하고 있으니… 이번 사태가 끝나면 그 관계들이 다시 회복될 수 있을 것인지가 두렵기는 하나 다른 한편으로는 무의식 중에 밀착돼 왔던 그 많은 일상들은 무슨 의미였는지를 돌아보며 거기에 차마 부끄러운 민낯은 없었는지도 찾아보게 된다.

바이러스가 주는 공포 못지않게 당초 이 코로나 바이러스의 숙주가 대구에 있는 한 종교기관이었었고 감염을 확산시킨 것도 일부 과격한 목사와 교회의 책임이 컸다는 것은 심각한 사회현상이었다. 세월호 당시에도 그랬는데 무슨 큰 재난이 있을 때마다 등장하는 한국 종교의 부정적인 모습이 오버랩되었기 때문이다. 기독교 이름을 걸고 그렇게 성장한 걸 보면 한국인들에게서 신앙은 아직도 무속신앙에서 벗어나지 못하고 있는 것이 분명하다.

불교나 기독교가 다같이 한국에 뿌리를 내릴 때는 무속신앙과 손잡아 병 고치고 축복 받기 위해 출발한 것은 맞다. 그러나 대명천지 오늘날에도 그 무속신앙을 벗지 못한 채 기독교 이름으로 신앙을 기복화하고 우상화시키는 집단이 있다니… 굳이 이단이 아니더라도 아직도 곳곳에 이상한 기도원이 생겨나고 신유집회니 방언집회 같은 것이 남아있다는 것 자체가 기독교의 수치다.

코로나 사태가 시작될 무렵 방역당국의 '사회적 거리두기'에 호응해 한국의 천주교와 불교, 원불교 그리고 개신교의 대형교회들이 자발적으로 종교집회를 중지한 것은 매우 성숙한 자세였다. 특별히 소망교회 같은 대형 교회에서 교회 수양관 시설을 치료시설로 제공한 것은 교회의 사회적 책무라는 점에서 칭찬 받을 만했다.

그러나 많은 중소형 교회는 정부의 방역지침을 어겨가며 집회와 기도모임을 강행해 눈살을 찌푸리게 만들었다. 한국기독교교회협의회 등에서 뒤늦게나마 교회가 집단감염의 주체가 된 일에 대하여 사과하기는 했으나 교회의 분파성으로 개신교가 국가의 위기에서 일사불란한 대처를 못했다는 결과를 가져왔다.

지금 한국 장로교단만 해도 200개 이상으로 분열돼 있는데 그것은 교리나 신학 때문이 아니라 교회지도자들의 분열주의 때문이다. 말로는 '분단된 남북에 화해와 통일이 있어야 한다. 지역 간, 계층 간 이념 간 갈등을 풀어야 한다'고 하면서 교회가 언제 화해와 연합, 일치를 위해 사명감을 갖고 노력하고 있다는 흔적을 본 적이 없다. 북한선교를 한답시고 오히려 미국의 대북 강경파의 지원을 받아가며 분단을 고착화시키는 일에나 열중했던 일부 그릇된 목사들의 행태가 눈살을 찌푸리게 만들었을 뿐이다.

교회는 세상일에 무의미하게 공존하며 세속화해서는 안 되지만 그렇다고 무관심해서도 안 된다. 세상에 대하여 책임감을 갖고 세상의 양심이 되어야 한다. 교회가 사회의 부패를 막지 못하면 부패한 사회가 교회를 부패하게 만든다고 했다. 이번 코로나 사태만 봐도 교회가 사회를 걱정해야 되는데 거꾸로 교회가 사회에 걱정을 끼치다니, 모순도 그런 모순이 없는 것이다.

미주 한인사회의 많은 교회들도 정부의 시책에 맞추어 주일 예배를 중지하는 어려운 결정을 내렸다. 이번 일을 계기로 한인교회 지도자들도 내 교회, 내 교인만 끌어안는 좁은 안목에서 탈출해야 한다. 주일 예배도 중요하고 교회 재정도 중요하지만 이웃의 건강과 지역사회의 행복이 얼마나 중요한 것인지를 알았을 것이다. 세계화 시대의 목회를 하자면 교회의 사회적 책임은 무엇이고 교인들의 삶은 어떻게 인도하는 것이 옳은지를 되돌아보는 기회가 되어야 한다.

뿌리교육을 다시 시작하자

문 닫은 윌셔사립초등학교 부지와 건물을 '한인청소년 교육센터'로 전환하자는 계획이 지난해에 결말을 보지 못하고 새해로 넘어 왔다고 한다. 성장하는 아이들의 보살핌은 때를 놓치지 말아야 하는 법인데 남가주학원의 하찮은 고집으로 시일을 끄는 것은 옳지 못한 자세다.

남가주한국학원이 처음 결성돼 주말학교를 운영할 때만 해도 학원의 재정은 넉넉했고 동포사회의 광범위한 지지를 받고 있었다. 그러다가 1985년 한인 타운의 유지들이 십시일반으로 모은 100만 달러와 한국정부가 지원한 100만 달러를 합쳐 사립초등학교를 개설한 데 이어 1992년에 또다시 무리하게 중, 고등학교를 개교했던 것이 남가주한국학원을 어렵게 한 화근이 되었다.

80년대에 10여 년 동안 교회의 한국학교를 운영해본 경험이 있는 나는 당초부터 한인사회가 한국계 사립학교를 설립해서 운영하는 것은 허망한 일이라며 반대했었다. '말 타면 경마하고 싶다'고, 남가주학원이 그대로 주말학교만 착실하게 운영했어야 할 일을 일반 사립학교를 운영해보자는 과욕을 부리면서 뿌리교육 본래의 좋은 뜻은 변질되기 시작한 것이다.

당시 미국 주류사회가 만든 사립학교마저 특수한 몇몇을 제외하고는 운영이 어려웠는데 반대의 소리를 내는 사람은 마치 뿌리교육을 외면하는 사람이거나 학교 비즈니스를 전혀 모르는 사람으로 몰아세우며 강행하다가 연간 100만 달러의 손해를 보던 중, 고등학교는 10년을 못 넘기고 문을 닫았다.

그렇게 된 데에는 설사 경제적인 여유가 있다 하더라도 지사 상사 주재원의 가족을 제외한 대부분 이민자들은 자녀들이 주중에는 좋은 미국학교에 가서 공부 잘하게 하고 토요일이면 주말학교에 나가 한글 공부를 하게 하는 바람을 갖고 있었던 점을 외면한 결과다.

아이들을 미국 땅에 데려다 놓고 한국인으로서만 강요한다면 그것도 옳은 일은 아니다. 장소가 바뀌면 사람도 바뀐다. 시간이 흐르면 문화도 변한다. 이 과정에서 어떻게 우리 아이들이 한국문화와 미국문화를 조화시키며 훌륭한 중간 문화를 창조해 나가느냐에 관심을 기울여 주어야 했던 것이다.

공(功)과 함께 과(過)도 많은 남가주학원은 이제라도 머뭇거리지 말고 조속히 한인사회의 염원에 답하기 바란다. 그 건물과 장소를 다양한 청소년 교육센터로 활용하는 것은 매우 긴요하고 시급한 일이다.

뿌리교육을 다시 시작해야 한다. 교회나 성당, 사찰 등 종교기관이나 뜻있는 동포들이 한국어와 한국문화 보급에 헌신적으로 노력하고 있는 현실을 외면하지 말고 적극 지원해야 한다. 거기에 겸해 나는 이 건물이 지금 IT 산업에 밀리거나 포스트 코로나 시대의 지각변동으로 각종 소매업이 위축되면서 새로운 직업을 찾아야 하는 한인들, 새로 이민 오는 사람들을 위한 성인직업훈련센터도 겸하게 되기를 당부한다.

태평양 큰물 기슭에서

그 날도 바닷가 산책길에 나섰던 길이었는데 우연히 입안에서 맴도는 노래가 있었다. 전쟁 직후 부르던 학도호국단가다.

'태평양 큰물 기슭 대륙 동녘에 우뚝 솟은 백두산 민족의 정기
화려한 금수강산 이루었으니 하늘이 주신 나라 지켜 나가세…'

학도호국단은 전쟁 시기에 중학교 이상의 학생들이 민족의식을 갖게 해 준다는 명분으로 지속되다가 4·19혁명이 일어나던 해 자취를 감추게 된다. 강요된 애국심이었다는 것이다.

태평양의 동쪽기슭에서 6천마일 저쪽 끝에 있는 조국을 쳐다본다. 그 땅에 언제 진정한 봄이 오는가, 언제쯤이나 분단을 끝마치고 남과 북이 평화의 시대를 열 것인가, 태평양은 본시 평화의 바다였다. 페르디난드 마젤란이 험난한 마젤란 해협을 통과한 뒤에 만난 잔잔한 바다에 감동해 지은 이름이 '평화의 바다'였다.

1번 도로인 퍼시픽 코스트 하이웨이를 따라 샌프란시스

코로 올라 가다보면 끝없이 펼쳐진 에메랄드 빛 푸른 바다, 태평양의 매력에 흠뻑 빠진다. 그런데 이 아름답고 평화로운 바다 태평양의 한복판에서는 강대국들의 욕망이 끝없이 출렁거려 곳곳에 군사기지를 세워 놓았거나 새로운 군사기지로 탐내며 영토싸움이 끝이지 않는 곳도 태평양이다.

특별히 태풍과 허리케인, 사이클론 등으로 자연재해마저 많은 태평양 서북쪽이 그러하다. 끊임없이 대륙을 탐내왔고 지금도 마찬가지인 섬나라 일본의 제국주의 근성, 그리고 틈만 나면 해양으로 국력을 뻗어 나가려는 중국과 러시아의 야욕, 여기에다 태평양의 맹주이기를 고집하는 미국의 오만이 항시 충돌하고 있는 곳이다.

그들 사이에 끼어 있어 태평양 바다 속에 흘린 우리 민족의 서러움과 이별의 눈물은 얼마나 많았던가. 태평양 전쟁에 바다 건너 끌려간 사람들과 남은 이들의 통한, 하와이 농장으로 팔려간 120년 전 가난한 우리 선조들이 겪은 수모, 자기의 뜻이기는 하였으나 잘 살아 보겠다고 태평양을 건너온 이민자들의 가슴 아픈 사연들…

미국에 이민 온 그해 먼저 와 있던 친구가 샌 페드로에 있는 우정의 종각을 보여주었다. 그러면서 하는 말이 헤어진 가족이 그립거나 한국에 돌아가고 싶을 때면 울면서 크게 소리 지르고 가는 곳이 바로 그 아래 바닷가라고 했다. '파도야 어쩌란 말이냐 파도야 어쩌란 말이냐' 그들은 애꿎은 파도만 원망했을 것이다.

나도 서울에 계신 어머니를 모시는 일이 쉽지 않아 마음을 졸인 적이 있었는데 그때 쓴 시가 '어머니 고향'이다.

'태평양 저 건너 어머니 고향/내 핏줄 내 숨결 이어 있는 곳/아름답고 기름진 거기 그 땅을/어머니 그리듯 나도 그리워…'

그렇게 그리워했던 어머니가 지금은 샌 페드로 항구가 보이는 묘지에 누워 계신다.

샌 페드로에서 서쪽으로 2마일 정도 나가 랜초 팔로스 버디스에 있는 오션 트레일에 들어서면 멀리서 몰아오는 해풍이 가슴을 쓸어내린다. 남가주 유수의 부자 동네에 도널드 트럼프 전 대통령이 만든 골프 코스를 끼고 같이 이어져있는데 해안을 따라 길게 뻗어 있는 오션 트레일은 길이 깨끗하고 경관도 빼어나 자주 찾게 된다.

한쪽으로는 깎아지른 듯한 절벽과 그 아래 펼쳐진 바다를 쳐다보며 다른 쪽으로는 각종 선인장과 유채꽃들이 어울린 풀밭을 헤치며 걷다 보면 1시간 코스가 단숨에 지나가 버린다. 4개의 하이킹 트레일을 따라 바다로 내려가면 자갈밭을 거닐 수도 있고 언덕 위 잔디밭에 올라와 피크닉 테이블에서 석양을 보며 음식을 즐기기도 한다.

철석, 철석… 다시 파도가 절벽을 때리고 지나간다. 깜짝 놀란 마음에 저쪽에 살고 있는 내 형제들과 친구들의 안부를 물어본다. '괜찮지?' 대답은 언제나 '여기는 아무 일도 없어' 그럼, 아무 일도 없어야 하는데… 태평양 기슭에 오늘도 바람이 세차다.

다시 민족을 생각합니다
-민족문제연구소 LA 지부 개소를 축하하며-

해외에 살면서 민족이란 말만 들어도 가슴이 뛰고 벅차오르는 감정을 느끼실 때가 있으셨지요? 민족이 해방된 지금이 그런데 일제 강점기에 살았던 시절, 나라 잃고 해외에서 떠돌던 우리 선조들은 어떠했겠습니까?

우리 민족은 참 강한 민족입니다. 중국 같은 강대국 옆에서 살아왔으면서도 우리 민족처럼 한 번도 어디 동화되거나 흡수되지 않고 민족의 명맥을 이어온 민족이 없습니다. 4천 년 전에 황하유역에서 일어난 묘족이 동서남북으로 뻗어나가면서 오늘의 중국으로 동화시켜 나갔습니다. 그 동화력이 어찌나 강했던지 나중에는 몽고족, 만주족까지 다 동화시켰습니다.

그런데 대륙의 동쪽에 조그만 살점처럼 붙어있는 한반도는 오랜 세월 중국으로부터 정치, 경제, 사회, 문화 등에서 온갖 영향을 받았음에도 불구하고 중국과는 엄연히 다른 민족으로 남아있는 것입니다. 중국으로부터 받아들인 것조차 그대로 가져오지 않고 반드시 우리 것으로 변화시켰습니다.

일제 36년의 역사만 없었더라면 단 한 번도 외국에 나라를 내준 적이 없는 그런 민족입니다.

자기 것을 지켜내려는 보수성이 강한 민족임을 알 수가 있습니다. 보수성이 강하다는 것은 진보와 개혁이 더디다는 뜻을 포함합니다. 중국이나 서구에서는 왕조의 지속기간이 300년을 넘지 않은 것에 비해 신라나 고려, 조선왕조는 모두 500년의 수명을 이어갔습니다. 한번 왕권을 잡으면 놓지 않으려는 보수성과 함께 개혁을 거부하는 민족성 때문입니다.

우리 민족은 해외에 나와 살면서도 우리의 정체성, 우리의 보수성을 유지해 나가는 데는 유별나서 우리가 주류사회와 구분하기 위해 스스로 쌓아놓은 높은 담벼락은 좀처럼 허물지를 못하고 있습니다.

이런 때 우리 민족은 무엇을 해야 합니까? 지금의 세상은 자기 국경을 넘어 이웃과 세계를 포용하는 지구촌 공동체로 향하고 있습니다. 그것은 부인하지 못할 시대의 흐름입니다. 그럼에도 불구하고 우리가 민족을 얘기하고 민족주의를 말하는 것은 우리는 민족 분단의 비극을 안고 있기 때문입니다. 우리들이 지향하는 통일담론에는 민족주의의 요소가 뿌리 깊게 형성돼 있기 때문입니다.

우리들이 주장하는 민족주의는 기존의 폐쇄적이고 배타적인 민족주의의 결함을 보완하는 것이어야 합니다. 그리고 통일을 과제로 민족화합과 평화구축을 위한 열린 민족주의를 지향해야 할 것입니다. 따라서 한민족의 긴급한 민족주의의 과제는 무엇보다도 민족의 생존과 평화를 지키는 일이며, 이를 바탕으로 타민족을 존중하고 공존, 공영하며 동아시아의 안정과 세계의 평화에 기여하자는 것입니다.

다양성을 인정하고 나와 다름을 존중할 줄 아는 관용과 개방성, 그리고 다양성 가운데서 합의를 이끌어 내는 인내와 양보심이 통일 후 사회, 문화적 통합을 이루는 초석이 될 것입니다. 그렇기에 이미 다인종, 다민족사회에서 살아가는 방법을 터득한 재외동포가 통일의 중요한 자산이 될 수 있다는 것입니다.

그래서 민족문제연구소 LA 지부가 창설된 것과 초대 지부장에 평소 민족에 대해 남다른 사랑을 실천하고 있는 정찬열 시인이, 그리고 이 땅에서 화해와 통합의 상징이신 정창문 법사님이 상임고문으로 추대된 것은 더 큰 의미 있는 일이라고 생각됩니다. LA 동포사회가 한국에 대해서 민족문제는 어떤 것이고 어떻게 풀어나가야 하는지를 깨우쳐 주는 기회가 되기 바랍니다.

민족문제 연구소 LA 지부의 탄생을 축하합니다. 감사합니다.

2018년 1월 28일

제 5 장

길 따라
사람 따라

두만강 푸른 물에

푸른 숲이 있어 강은 푸르렀을까…

신록의 계절에 찾아간 두만강은 어느 것이 강물이고 어느 것이 언덕인지 구분되지 않을 정도로 온통 푸른 대지인 양 펼쳐지고 있었다.

민족의 명산, 백두산 남동쪽 비탈길에서 발원하여 한반도의 북동부, 북한과 중국을 가르고 동해로 흘러가는 길이 547.8km의 두만강. 일제36년의 수탈을 못 이겨 떠돌이 삶을 나서야 했던 우리 조상들과 거기서 숨져간 독립운동의 선현들, 그리고 또 분단의 산물로 피난과 이산가족이 이어지며 민족의 피맺힌 애환을 담고 있는 바로 그곳이다.

"두만강 푸른 물에 노 젓는 뱃사공
흘러간 그 옛날에 내님을 싣고"

그러나 노 젓는 뱃사공도, 목가적인 뗏목도 보이지 않는 두만강 가에 오늘은 중국 땅 이쪽이나 강 건너 북한 땅 이나 적막감만 감돌고 있었다. 본시 11월 하순부터 이듬해 3월까지 긴 결빙기가 계속된다는 두만강은 강 상류에 무산

두만강 유역, 강 건너편이 북한 땅이다

의 철광석, 중류의 회령과 하류의 아오지에 걸치는 갈탄산지, 그리고 강 전체유역을 덮고 있는 임야가 엄청난 자원의 보고라는데 아직은 그대로 방치돼 있는 모습이 안타까울 뿐이었다.

안내를 맡아준 연변대학 김정일 교수의 설명에 따르면 1992년 2월에 UN개발계획(UNDP) 주최로 두만강 개발계획 관리위원회가 발족했으나 유역 3개국인 중국과 북한, 러시아가 국제기업체 창설을 둘러싸고 합의를 보지 못하다가 1995년에 한국과 몽골이 참여하면서 앞으로 두만강 유역을 동북아 물류, 교통, 관광의 중심지로 개발하게 되었다고 기대감을 나타내었다.

우리는 연길에서 동쪽으로 50km 지점에 있는 도문 시에 들렀는데 강을 사이에 두고 북한의 남양시와 마주하고 있는 도문은 두만강 연안에서는 북한과 교역을 하는 제일 큰 세관이 자리 잡고 있었다.

도문 변경지대에서, mbc 후배 정상모 씨와

도문을 떠나 두만강 물줄기와 숨바꼭질을 벌이며 산길을 달리다가 길림성에서는 비교적 큰 도시인 훈춘에 이른다. 여기서 김 교수의 호의로 다시 중국과 러시아와 북한 등 3개국의 접경지대, 북한의 두만강 시와 이웃한 방천까지 깊숙히 내려가 볼 수 있던 것은 큰 행운이었다.

두만강이 동해와 만나는 이곳은 군사적으로 중요한 곳이

거니와 바다가 눈앞에 있으면서도 하구로 부터 15km나 떨어져 있는 중국으로서는 물류 수송을 위해 북한의 도움이 절실한 곳이기도 하다.

바로 지척에는 시베리아횡단 철도(TSR)가 시작되고 있었는데, 마침 그때는 남북한에서 철도시험운행이 있은 때라 저 철길이 장차 한반도와 연결될 대륙횡단철도라고 생각하니 어서 그날이 오기를 기다릴 뿐이었다.

돌아오는 길에 다시 서쪽으로 달려 용정시를 찾았다. 일송정, 비암산, 해란강 등 지난날 선현들의 꿈과 희망과 좌절이 묻어 있는 곳을 둘러보며 광복 70년의 세월을 보냈으면서 아직도 분단시대를 청산하지 못한 부끄러움에 몸을 숨긴다.

용두레 우물가 앞에서

"지금 두만강엔 옛 아이들 노는 소리 남아 있을까,
강 건너 개 짖는 소리 아직 남아 있을까,
통일이 오면 할 일도 많지만 두만강을 찾아 한번 목 놓아 울고 나서
흰 머리 날리며 씽씽 썰매를 타련다.
어린 시절에 타던 신나는 썰매를 한번 타보련다."

김규동 시인의 시를 뒤로 하며 두만강을 떠난다.

평양 방문기 '네가 살아야 내가 산다'

초여름의 햇살이 유난히 화창하던 날 오후 낯선 평양 땅에 첫발을 딛는다.

그날 6월 13일은 딸 수연이의 생일에다 영주권을 받은 날로 우리 가족사에서 기념하고 있는 날인데 한 가지 역사가 더 추가되는 순간이었다.

얼마나 그리웠던 내 땅이고 얼마나 보고 싶던 북녘 동포였는데….

명색이 평화운동한다고 여러 곳을 다니면서도 평양을 이제야 찾게 된 것은 그동안 몇 차례 행사가 취소되거나 축소되는 등 인연이 없었던 때문도 있기는 했었다.

이번 6·15 공동선언 7주년 행사에 미국 측 대표단의 일원으로 가는 길에도 심양에서 그만 포기해야 될 것 같은 일이 일어났다. 순안 비행장으로 들어가는 고려항공편이 무슨 일인지 예약도 안 돼 있거니와 자리가 만석이라 도저히 다른 방도가 없다는 것이다. 그때의 낭패감이라니…. 대기자 명단에 이름을 올려놓고 반나절을 기다리다 결국 가기는 했지만 늦깎이의 평양 방문은 이처럼 순탄치 못한 사연을 안고 있었다.

평양순안공항에 도착해서 고대 후배 Dr. 윤흥노 씨와

그러나 달리 생각하면 60년간 막혀 있던 물꼬를 트고 있는 만큼 쉽시만은 않을 것이란 게 당연한 일인지도 모른다. 15일 평양시내 인민문화 대궁전에서 열기로 돼 있던 '6.15 공동선언 7주년기념 민족 대축전'이 극히 사소한 일로 이틀간이나 공전됐던 것도 마찬가지 연유이기는 했으나 북측에서 남측의 한 정당에 너무 감정적이며 외골수로 대하는데도 문제가 있어 보였다.

북쪽에서는 우리가 자주 사용하는 개방 개혁이란 말 대신에 새로 고친다는 뜻의 신조어 '개건'이라는 단어와 '현대화'라는 단어를 쓰고 있었는데 개건이 됐든 현대화가 됐든 북한 사회는 지금 엄청나게 빠른 속도로 변화하고 있는 모습을 확인할 수가 있었다.

첫째 사람이 바뀌고 있었다. 이른 아침에 대동강변을 산책하거나 평양 시내를 비교적 자유스럽게 다니면서 만나보고 느낀 점은 시민들의 표정에 여유가 있어 보였다는 점이다. 방송국 아나운서나 유적지 안내원들의 말투도 남쪽사람들인가 착각할 정도로 부드러워졌고 젊은 여자들 가운데는 쌍꺼풀 수술을 한 사람이 많이 보였다. 아시아를 휘몰고 있는 한류가 북한이라고 예외일 수는 없는 일로 보였다.

둘째로 도시가 바뀌고 있었다. 초행길이라 이전의 것을 비교할 수는 없지만 그들의 설명대로 이 도시가 전쟁 때 화신백화점 벽만 남기고 모두가 폐허가 됐던 곳인가 싶을 정도로 그리고 저 거리가 10년 가까이 고난의 행군을 걸어온 사람들의 삶의 터였나 싶을 정도로 밝고 활기에 차보였다.

그들은 선군정치의 성과라고 이야기하지만 남쪽으로부터의 경제협력이 조금씩 효과를 거두고 있는 결과로도 보였다.

셋째로 관리들이 바뀌고 있었다. 그들이 언제나 내세우는 주체사상을 좀처럼 바꿀 것 같지는 않으나 대체적으로는 관리들이 매우 유연해지고 전문화되고 있다는 점이다. 어떻게 해야 살아남을 수 있다는 점을 구체적으로 알고 있는 듯 했다.

6.15 공동선언 해외측 위원회 문동환 위원장이 개막식에서 말했듯이 "네가 살아야 내가 산다"는 상생의 진리를 이

제 이 백성들이 터득한 것일까. 그것은 하나님이 우리 민족에게 주신 숙제다. 한쪽은 죽고 다른 쪽은 사는 것으로 결말내는 것이 아니라 너도 살고 나도 사는 상생의 길이어야 한다는 것이다.

인민문화궁전 앞에서 문동환 목사님과

공동일정 외에도 워싱턴 DC에서 온 Dr. 윤과 함께 밤이고 낮이고 틈만 나면 평양 시내 곳곳을 휘젓고 다녔으나 제지당하는 일은 없었다. 대동강 맞은편 을밀대에 오르니

을밀대에서 만난 평양소년

평양 8경 중 하나라고 할 만큼 사방이 뚫려있고 경관이 극치였다. '모란봉아 을밀대야 네 모양이 그립구나'

평화는 전쟁만 없다고 평화가 아니다. 같이 사는 것이 평화다. 꼬박 일주일 동안 정성스럽게 돌봐줬던 영접국 직원들과의 아쉬움을 뒤로하고 평양을 떠날 때 그들이 여러 차례 들려줬던 노래가 머릿속에 떠오르고 있었다.

"목메어 소리칩니다. 안녕히 다시 만나요."

금강산에도 봄이 오는가?

내가 금강산을 찾은 것은 18년 전 만산홍엽으로 가을이 무르익어 가는 10월 초순이었다. 지난 2002년 10월 5일, LA지역 평통자문위원과 한국인권문제연구소 회원, 그리고 오렌지카운티의 살롬 합창단원들을 포함한 106명이 일행이 되어 뱃길로 꿈에 그리던 금강산 관광 길에 나선 것이다.

해외 동포사회에서 단체로 금강산 관광에 나선 것은 그 때가 처음이라고 했다.

고국을 떠나와 살면서 조수미의 목소리만 들어도 눈시울이 붉어지기 마련인데 꿈에 그리던 그 '수수만년 아름다운 산'과 '그리운 만이천봉'을 직접 다녀오게 되다니 얼마나 벅찬 감동이었는지 모른다.

그 해 여름에 있었던 장마로 다리가 무너지고 계곡이 조금 어지럽혀지기는 했으나 구룡폭포, 상팔담, 해금강, 집선봉에 묻어 있는 가을은 신비에 가까울 만큼 아름다운 자태였었다. 그 뒤로 미국과 유럽 어디를 다니면서도 보지 못한 아기자기하고 수려했던 금강산을 지금도 잊지 못한다.

금강산을 여름에는 녹음이 깔려 있어 봉래산이라 했고 가을에는 단풍이 아름다워 풍악산, 겨울에는 나뭇가지들이

금강산에 도착한 첫날 Dr. 김홍서 씨와

뼈만 앙상히 드러내고 있어 개골산, 봄에는 온 산이 새싹과 꽃잎에 덮혀 있다고 해 금강산이라 불렀다는데 지금쯤 비로봉 산정에는 진달래며 개나리가 흐드러지게 피어 있는지 궁금하다.

금강산에도 봄이 오는가? 그러나 인적이 뜸해진 계곡에 아직은 겨울이 떠나지를 못하고 있을 것으로 짐작된다. 지난 1998년 11월 18일 동해항에서 '금강호'의 뱃고동으로 시작한 금강산 관광이 2008년 7월 북한군에 의해 남한의 한 관광객이 피살된 사고가 일어난 이후 중단돼 왔는데 다음번에는 육로로 가자던 금강산을 어쩌면 다시는 못 가게 될 것 같은 불길한 예감이 든다.

비를 맞으며 구룡폭포에 오르던 일행
(왼쪽부터 평통 총무부간사 서정일, 총무간사 미셸 박
(현 연방하원의원), 시인 정찬열, 필자, CPA 노섭)

북한이 한국정부가 금강산 관광을 중단하고 있는 데 대한 조치로 금강산 관광지구내 남측 부동산과 모든 시설을 동결하고 관리 인원을 추방한다고 발표한 것이다. 한국정부는 이 같은 조치에 대해 '남북합의와 국제법위반'이라고 항의하자 북한은 다시 응당한 권리행사라고 주장하고 나서면서 그 자리에 중국 관광객을 채울 것으로 알려지고 있다.

이번에 북한이 취한 재산 몰수 등의 일방적 태도는 분명 잘못된 일이다. 그러나 금강산 관광 재개 여부는 전적으로 한국정부가 풀어야 되는 일이다. 한국정부는 그동안 관광객피살사건의 진상규명, 재발 방지책 마련, 관광객 신변

보장 등을 전제 조건을 내세워 관광 중단을 계속하고 있었지만 실은 그것보다는 이 사업을 대북 압박 수단으로 활용해 왔던 것이 사실이다.

고 정주영회장의 원대한 계획으로 시작된 금강산 관광은 장차 광범위한 남북 관광 교류 협력으로 확대됨으로서 한반도 평화와 남북화해에 큰 공헌을 하게 될 것이었는데 일이 이렇게 되자 이 사업을 이끌어온 현대 아산의 파산위기는 물론 관광객 이동이 많았던 고성군이 월평균 20억 원을 넘는 손실을 보는 등 강원도 지역경제에도 큰 어려움을 주고 있다는 것이다.

그리고 북한도 매사를 감정적으로만 대응할 것이 아니라 그런 무리한 결정이 국제사회의 눈에는 어떻게 비추게 될런지에 대해 성숙한 자세로 돌아보기 바란다.

6.15 공동선언 21주년이 다가오는 지금, 남북관계는 다시 숨통이 막혀 있고 역사적인 4.27 판문점선언과 9월 평양선언, 그리고 북미 싱가포르공동성명 등의 기억이 가물가물해지고 있다. 미국의 바이든 정부가 획기적인 대북정책을 내놓거나 북한이 협상장에 나와야 하는데… 어쩐지 남북 간, 북미 간 긴장 국면은 당분간 지속될 것만 같아 안타까울 뿐이다.

메밀꽃 필 무렵

단풍의 절정을 보기에는 절기가 조금 이른 것이 안타깝기는 했으나 춥지도 덥지도 않은 날씨는 고국일주 여행에 너무나 안성맞춤이었다. 아무리 작은 나라이더라도 열흘 동안 전국을 일주한다는 것은 어차피 주마간산(走馬看山)일 수밖에 없었기에 곳곳의 내력과 풍광을 마음에 새기지는 못했지만 같이 온 일행들과 이런 얘기 저런 얘기 해가며 버스에 몸을 싣고 다니는 여행도 나쁘지는 않았다.

패키지 투어를 다 끝내고 서울에 돌아온 뒤 처제네 내외가 어디 더 다녀오겠느냐고 물었을 때 성큼 봉평에 가자고 말했다. 서울 가면 거기 한번 다녀오고 싶은 마음이 있었기 때문이다. 한국 어느 곳으로나 잘 뚫린 도로는 강원도 오지도 지척으로 만들어 놨기에 서울을 출발해 평창으로 달리던 길에서 봉평 이정표를 발견하기까지는 두 시간이 채 걸리지 않았다.

나귀에 짐을 싣고 밤길을 걸어 다니는 장사꾼들의 이야기를 그린 "메밀꽃 필 무렵"의 봉평이다. 작가 이효석 선생이 "밤중을 지난 무렵인지 죽은 듯이 고요한 속에서 짐승 같은 달의 숨소리가 손에 잡힐 듯이 들리며, 콩 포기와 옥수수 잎새가 한층 달에 푸르게 젖었다. 산허리에는 온통 메밀밭이어서 피기 시작한 꽃이 소금을 뿌린 듯이 흐뭇한 달빛에 숨이 막힐 지경이다."고 했던 곳이다.

메밀꽃 필 무렵 아내와 함께

봉평에는 보이는 곳마다 메밀밭이었으나 '개울가나 산등성이에나 어디 없이 하얀 꽃은 진 지 오래이고 향기 없는 붉은 대궁만 애잔하게 서 있을 뿐' 타작을 끝마친 메밀들이 한가하게 멍석에 들어 누워 있었다. 다행히도 먼저 알곡이 된 메밀들은 메밀막국수와 메밀전병, 메밀전이 되어 이곳을 찾은 여행객들의 입맛을 즐겁게 해주고 있었다. 메밀 막걸리도 빠질 수가 없었다.

봉평은 마을 전체가 마치 "메밀꽃 필 무렵"의 전시관 같았다. 읍내에서 섶다리로 하천을 건너자 이효석 선생의 생가와 이효석 문학관이 깨끗하게 잘 정돈돼 있었고 산골짜기에 조성된 이효석 문학 숲에는 소설 속에 나오는 충주집이며 물레방아간이며 장터로 가는 나귀들의 모습 등을 재현해 놓고 있어 볼거리가 가득했다. 어느 구석에선가 허생원과 조선달, 동이가 금방이라도 튀어 나올 것만 같다.

이효석 문학의 숲, 동서 Dr. 조영모 교수 내외와

봉평은 본시 산수가 아름답고 조용한 시골이다. 그런데 2018년 동계올림픽에 들떠있는 평창과 진부가 이웃에 있어 이곳도 산을 깎아내는 개발 붐에서 자유롭지는 못할 것

같았다.

그리고 봉평만이 아니라 자기 고장이 배출한 유명작가들의 생애와 문학세계를 기리는 사업들이 전국에서 경쟁적으로 펼쳐지고 있었는데 좋은 작품을 남긴 작가들은 자신의 명성만이 아니라 고향사람을 먹여 살리기도 하고 있으니 좋은 일이기는 하나 너무 상업적으로 흐르는 경향은 경계해야 할 것으로 보였다.

거기다가 명성 있는 사람들의 후손들 가운데는 부모 세대보다 못하거나 불행해진 사람이 많다는 소식을 듣고 비록 대부분이 어렵고 평범한 범부의 삶을 살아가고는 있지만 자식들은 대부분 성공시키고 있는 우리 이민사회의 1세들을 생각했다.

다음번에는 언젠가 메밀꽃 필 무렵에 다시 올 수 있을까—아쉬움을 갖는 사이 동서가 운전하는 차는 어느새 구절양장을 휘돌아 다음 목적지 정선으로 향하고 있었다.

'싸목 싸목' 그 섬에 가고 싶다

바닷가 울창한 소나무 가지에 걸려서인가, 청산도에서는 해도 느린 속도로 떠오른다. 오래 전부터 그 섬에 가고 싶다고 마음먹은 곳이다. 전라남도 완도군에 있는 청산도 라는 작은 섬이다. 서울에서 있은 조카딸 결혼식에 참석한 뒤 다른 일은 제쳐놓고 훌쩍 완도행 버스에 오른 것은 호남 곡창지대에 가을걷이도 끝나고 단풍이 물들어 가는 고즈넉한 늦가을 아침이었다.

유채꽃 가득한 청산도 슬로 길

완도까지는 5시간 반, 거기서 청산도까지의 뱃길은 19.2km 불과 12마일의 거리였지만 50분이 꼬박 걸린다. 마중 나와 있기로 한 안봉일 면장과 길이 어긋난 것은 순전히 내 안경 탓이었다. 완도에서 조승호 씨가 전화로 나를 소개하면서 검은 안경 쓴 사람이라고 일러 준 걸 모르고 배 안에서 그만 안경을 바꿔 버렸다. 그 아름다운 쪽빛 바다를 차마 선글라스 낀 채 쳐다 볼 수 없었기 때문이었다.

청산도(靑山島)는 산만 푸른 것이 아니었다. 어디가 하늘이고 어디가 바다이며 어디가 섬인지 도무지 구분되지 않을 정도로 모두가 푸른색이었다. 그래서 옛날부터 청산여수(靑山麗水)라 했는가, 놀랄만한 기암괴석은 없지만 자연의 허술함이 그대로 남아있다는 청정 지역, 그 섬에 온 것이다.

처음 달려간 곳은 청산도 에서 가장 유명한 영화 '서편제' 촬영지다. 도청항 선착장에서 언덕길로 1km쯤 올라가면 돌담길이 구불구불 이어지는데 이웃마을에서 소리를 팔고 돌아온 유봉이 의붓딸 송화와 의붓아들 동호가 함께 구성지게 진도아리랑을 부르며 내려오던 거기가 바로 거기다.

"사람이 살며는 몇 백년 사나 개똥같은 세상이나마 둥글둥글 사세, 아리 아리랑 쓰리 스리랑" 둥실둥실 나도 모르게 한 곡조 뽑자 안내원이 제법 추임새를 넣어준다.

한바탕 흥을 돋우며 지나가는 연예인 행렬 뒤에서
나도 진도아리랑에 취한다

지금은 돌담 밑으로 코스모스가 숨어 있었지만 촬영할 당시는 오른쪽으로 유채꽃, 왼쪽으로는 청보리가 한창인 때였기에 해마다 4월이 되면 인파가 절정을 이룬다고 한다. 다도해 해상국립공원의 아름다운 바다와 도락포구의 그림 같은 마을이 한 눈에 들어오는 언덕에 서 있노라면 왜 여기가 CNN이 선정한 '한국에서 꼭 가봐야 할 50군데'의 하나가 되었으며 2013년도 네티즌 선정 최고의 가족체험여행지가 되었는지 알 만하다.

안내해주는 분이 해 떨어지기 전에 가야 한다며 서둘러 범 바위 길을 올라간 이유가 있었다. 범바위의 정상에 오르니 때마침 해가 막 지고 있는 시간이었다. 멀리 손에 잡힐 것 같은 거북이 섬 끝으로 푸른 바다가 붉게 물들기 시작하더니 장열하게도 바다 속으로 빠져 들어가던 청산도 석양의 모습은 놓치기 아까운 한 폭의 그림이었다.

청산도의 슬로(Slow) 길은 요즘 한국에 유행처럼 번지는, 가공적인 트레일과 달리 길 표시만 있을 뿐 돌 뿌리며 자갈밭을 치우지 않은 자연 그대로의 길이다. 그 길을 걸으며 한때는 문명을 쫓아 달려갔으나 이제는 그 문명에 쫓기며 허둥대고 있는 우리들 삶을 잠시나마 돌아보게 된다.

청산도에서는 빠름은 반칙이라고 한다. 전라도 방언으로 '싸목 싸목(천천히)' 걸으란다. 그저 매사에 "바쁘다 바빠"를 노래 부르듯 하며 살아온 삶이었는데 잠시나마 느림의 철학에 입문(?) 할 수 있다면 얼마나 값진 일인지 모르겠다.

그렇게 가보고 싶었던 섬, 문명의 때가 묻지 않고 자연의 소박함을 그대로 간직한 섬, 청산도에 오기를 잘 했다는 생각이 든다. 숙소 이름도 '청산도 느린 섬 여행학교'다. 여기선 어느 것 하나 '느림' 아니고서는 맥을 못추는 곳이다.

산과 바다, 하늘, 갯벌, 숲에서 푸름을 지켜온 청산도 사람들, 검소하나 남루하지 않고 소박하나 반듯하고, 당당히 살아온 남도 사람들의 모습을 보았다. 맹목적인 '천천히'가 아니라 자연의 순리, 사람의 도리로서 진득하게 공을 들이며 살아야 한다는 '싸목 싸묵'의 깊은 뜻을 안고 청산도를 떠난다.

장보고를 찾아간 이민후예

서울에서 완도까지는 425km, 마일로는 265마일이니 LA에서 라스베가스 가는 정도의 거리다. 아침 8시 첫 차여서 그런지 고속버스에 탄 사람들은 차가 떠나기 전부터 깊은 잠에 빠진다. 그러나 장보고 선생을 만나러 가는 이민자 후예의 마음은 잠은커녕 자못 흥분되고 있음이 분명했다.

5시간 반 만에 버스가 완도에 들어서자 남해 바다를 향해 우뚝 서 있는 장보고의 동상이 한 눈에 들어온다. 완도(莞島)는 전라남도 최남단에 있는 섬으로 주위에 해남과 강진, 장흥, 고흥에 둘러싸여 있으며 최근에 다리로 연결되면서 관광과 수산물 집산지로 더욱 각광을 받고 있는 곳이다.

전남 완도읍에 세워진 장보고 기념관 내부

장보고는 완도에서 태어나 어린 시절을 보냈으나 비천한 신분을 극복할 길이 없어 20세 초반의 젊은 나이에 당나라로 건너갔다고 했다. 그는 산동 반도에 지금의 코리아타운 같은 적산법화원(赤山法華院)을 만들어 신라에서 이민 온 사람들의 사랑방 같은 역할을 하며 그들에게 살길을 마련해 주었다고 하니 일찍이 동족사랑이 대단했다.

30세에는 주류사회인 당나라 군대에 들어가 공을 세움으로써 병사 약 천여 명을 거느리는 군중소장(軍中小將)의 직위까지 오르기도 한다. 그러다가 고국의 백성들이 해적에게 붙잡혀 노예로 팔려가고 있다는 소식을 접하자 급히 귀국해 완도에 청해진(淸海鎭)을 설치하고 해적들을 완전히 소탕한다.

완도를 중심으로 해상을 안정시키고 나서 장보고는 신라와 당, 일본을 연결하는 장대한 해상항로를 개척하였다. 그런 다음 청해진을 본거지로 중국과 일본을 연결하는 중계무역을 실시하며 이슬람과도 교역을 한 아시아 최초의 민간 기업인이자 세계의 해양영웅이 되었는데 그래서 주일 미국대사를 지낸 라이샤워 교수는 장보고를 '해상상업제국의 무역왕'이라고 지칭한바 있다.

이때가 828년이며 통일신라시대의 중반기였다. 콜럼버스가 신대륙 아메리카를 발견한 1492년이나 마젤란이 최초로 세계일주에 나선 1521년보다 7백년이나 앞선 세월이다. 800년대에 오직 장보고만이 지구상의 해양을 개척하고 해상무역을 했던 사람이라는 걸 생각하면 참으로 대단한

민족이고 대단한 선각자였다.

청해진 유적지와 2008년에 개관했다는 장보고 기념관을 둘러보면서 여기는 이민자의 자긍심과 바다의 웅대한 포용력을 가르치는 우리 미주 한인 2세들의 좋은 교육장이 되었으면 하는 바람과 함께, 그때 장보고 선생이 무역 거래만이 아니라 남방으로 이민자를 더 많이 배출하고 영토도 확장하는 계기로 삼았더라면, 하는 아쉬움도 가져본다.

대양을 향한 장보고 선생의 못다한 꿈

그러나 지금으로부터 무려 1,200년 전, 교통과 통신은 비교가 되지 않을 미개한 시절인데 젊은 나이에 이민을 결행한 도전의식도 그렇거니와 당나라에 흩어져 살던 고구려, 백제의 유민들을 규합해 경제공동체를 만들고 조국이 위급할 때는 주저 없이 달려간 그 경륜과 애국심을 보면 오늘의 이민자로서 고개를 숙인다.

동아시아는 지금 중국과 일본과 한국이 감정적으로 얽혀 있는 데다 미국의 아시아 회귀로 매우 복잡한 정세에 휩싸여 있다. 당시 신라와 일본은 국교가 단절된 상태에서도 민간무역을 활성화시켰다는 장보고 선생의 지혜와 돌파력이 놀랍다. 다시 세계를 향해 펼쳤던 장보고의 그 높은 꿈을 꾸어보고 싶다.

동유럽 문화탐방

추위가 오기 전 그때쯤이 1년 중 가장 좋은 때라는 9월 중순을 잡아 동 유럽 여행을 다녀왔다. 이태리의 북부 밀라노까지는 항공편으로 도착 한 뒤 거기서 부터 버스 투어로 시작한 7박 8일의 여행기간 내내 간간이 이슬비가 뿌리기는 했으나 조금은 더위를 느낄 정도로 화창한 동 유럽 날씨였었다.

알프스산맥은 언제 보아도 장관이었다. 5년 전에 아이들하고 같이 왔을 때는 스위스에서 출발해 눈 덮힌 융프라우요흐를 향해 남쪽으로 향하는 코스였으나 이번에는 고운 잔디와 이름 모를 숱한 과일 나무가 무성한 계곡을 따라 오스트리아의 인스부르크를 향해 북쪽으로 가로질러 가는 반대 코스였는데 버스 창에 스쳐 가는 풍경 하나 하나가 그대로 아름답게 그려진 한 폭의 그림들이었다.

인스부르크에 이어 차례로 찾아간 독일 남부의 도시 뮌헨, 알프스산맥 동쪽 기슭의 아름다운 퓌센, 오스트리아의 영원한 예술의 도시 비엔나, 모차르트의 생가가 있으며 영화 '사운드 오브 뮤직'의 도시 잘츠 부르크, 다뉴브 강이 시내 한복판을 흐르는 헝가리의 부다페스트, 1968년 프라

비엔나 요한 스트라우스 동상 앞에서

하의 봄으로 기억되는 체코의 프라하, 그리고 독일의 분단과 통일의 역사를 함께 보여주는 베를린－어느 곳 하나 기억에서 지워지지 못할 꿈만 같은 도시들이었다.

그러나 동 유럽의 그 아름다운 풍광과 역사와 문화를 탐방하는 일 못지않게 내가 가졌던 관심은 강대국으로부터 헤아릴 수 없이 많은 침략과 약탈을 받아 왔으며 최근에는 사회주의 체제에서 벗어난 동구권국가들이 지금은 어떻게 살아가고 있고 그 국민들의 표정은 어떤 것인가가 궁금했었다. 그리고 세계 구석구석에 옮겨가 살고 있는 한민족의 끈질긴 모습도 살펴보고 싶었다.

유럽도 다른 지역과 같이 경제위기를 혹독하게 경험하고

있지만 오래지 않아 극복할 수 있다는 자신감에 넘쳐 있었는데 그것은 국가연합체인 EU 때문으로 보였다. 이번에 찾아갔던 이태리와 독일, 오스트리아, 헝가리, 체코를 비롯해 27개국이 EU에 가입돼 있으며 터키 등 3개국이 가입을 기다리고 있다는데 EU의 발족 이후 적어도 서로 전쟁을 일으키지는 않을 것이라는 신뢰감과 함께 상호 경제 협력의 효과가 얼마나 크게 나타나고 있는지 모른다.

EU의 확대는 회원국의 GDP를 높여주는 성과를 거두어 3년 전에 가입한 헝가리의 경우 3년 전과 가입 후 3년간의 GDP의 차이는 거의 2배 가까이 나타나고 있으며 기존회원국들은 EU의 확대로 초기에는 다소 GDP의 감소를 경험했지만 신규회원국들로 인한 시장 및 투자대상의 확대로 추가적인 이익을 보고 있다고 현지 언론들은 전하고 있었다.

통합의 의미는 그렇게 큰 것이다. 그래서 개인이나 국가나 그 생존법칙에서 이제 통합은 선택이 아니라 필수로 나타나고 있다는 것이다. 바로 엊그제 미국의 골드만삭스가 내어 놓은 한 보고서에 따르면 북한의 잠재력을 고려 할 때 남북한이 통일이 된다면 그 GDP 규모가 30－40년 내에 미국을 제외한 선진 7개국을 모두 웃돌 것이라는 놀라운 전망을 내어 놓기도 하였다.

그런데 유럽 국가들이 공용화폐인 유로화를 쓰면서 최근에는 유로화 대비 달러화의 약세가 두드러져 아예 달러화는 받지도 않는 지역이 많았다. 달러화의 엄청난 굴욕을 체험하고 돌아 왔다. 물가도 미국에 비해 많이 비싼 편인

동유럽여행을 같이한 일행

(왼쪽부터 최철 장로님, 보성 동창 최재익, 필자 내외, 최장로님 부인, 최재익 부인)

것이 체코에서 물 한 병에 3유로, 달러로 환산하면 4달러 50전이었는데 미국에 돌아와 가격을 비교해 보니 물론 마켓의 세일품목이었다 하더라도 24병들이 한 박스가 3달러 50전이라면 그 차이가 가히 짐작이 가는 일이다.

이번 동 유럽의 여행은 주관했던 여행사도 계절도 같이 갔었던 일행들도 너무나 좋았다. 그러나 끝마치고 8일 뒤에 미국에 다시 돌아오니 물가도 싸고 살아가는 모습들도 여기가 한결 편하게 느껴진다. 그래서 여행은 돌아오기 위해 떠난다는 말을 한다. 돌아 왔을 때의 그 편안함, 그 행복을 맛보기 위해 일부러 먼 길을 떠나본다는 이야기도 전혀 틀린 말은 아닌 것 같다.

다시 브란덴부르크 문 앞에 서서

베를린의 브란덴부르크 문 앞에 다시 선 날은 독일 총선거를 앞두고 곳곳에 대형사진의 입간판이 즐비해 선거운동이 막바지에 이르고 있다는 것이 한눈에 들어오고 있는 날이었다. 1989년 11월에 베를린 장벽이 무너졌으므로 올해는 장벽이 뚫린 것으로 보면 20년, 통일독일이 완성된 때로부터는 19년이 되는 해이다.

2003년 4월, 브란덴 부르크 문 근처에 있는 훔볼트 대학에서 '분단 한반도와 통일독일'이라는 주제로 세계한민족포럼이 열렸었는데 그 때는 세계각처에서 몰려온 시위대들로 발 디딜 틈도 없이 혼잡했으나 그날은 마침 다음 날에 있을 베를린 마라톤을 준비하느라 광장이 깨끗하게 정돈돼 있었고 날씨마저 북유럽에서는 보기 드문 화창한 오후였었다.

독일은 지금 아프칸의 평화유지 명목으로 4천명의 독일군을 파견하고 있다고 한다. 그런데 지난 주 독일군 사령관의 명령으로 나토군이 아프칸을 공격하면서 민간인 수십명을 사망케 한 사건이 발생하자 국내의 철군 요청과 함께 이슬람 테러조직에 의한 폭탄테러가 발생할 우려가 제기되고 있어 오는 27일에 있을 총선이 끝날 때까지 국내 치안에 비상이 걸려 있는 중이었다.

브란덴부르크 문 앞에서 mbc 후배 정상모 씨와 함께

사민당(SPD)과 함께 비교적 성공적으로 대연정을 이끌어 온 기민당(CDU)의 현 앙겔라 메르켈 총리는 세계금융위기의 고비에서도 여성답게 이를 침착하게 대처해 옴으로써 국민들에게 안도감을 심어 왔다고 한다. 그러나 이번에 아프칸 공격에 대한 여론의 악화로 독일 역사상 최초의 여성 총리며, 동독출신의 첫 통일독일의 총리이고 전후 최연소 총리라는 기록을 그대로 유지하게 될 것인지가 독일인들의 관심이 되고 있었다.

유럽이라고 경제위기에서 완전히 벗어난 것은 아니었다. 지난 7월 기준 유로지역 16개국의 실업률은 9.5%, EU 27개국의 실업률은 9.0%로 1999년 5월 이래 최고의 수준이라는데 현지에서 발행되는 한 교포신문은 지금 경제위기에 몰린 수백만 독일시민들이 단기간의 현금이용을 위해 줄서서 전당포를 찾고 있어 전당포가 때 아니게 호황을 누리고 있다고 전하고 있었다.

그러나 독일 국민들은 정치적인 변화나 경제위기 속에서도 여전히 차분하고 소박하며 참을성이 있어 보였다. 그리고 지나치리만치 무뚝뚝한 얼굴에서도 자신감과 평온함이 넘쳐 보였다. 그러한 표정들은 이번 여행길에 함께 들러본 헝가리나 체코 같이 독일보다 더 열악한 조건에서도 재기하기 위해 안간힘을 쓰고 있는 동구권국가의 사람들에게서도 똑같이 찾아볼 수가 있었다.

무엇이 오늘 동구권을 포함해 유럽인들을 저렇게 자신감 있게 만들고 있는 것일까? 그것은 유럽의 통합 때문인 것을 어렵지 않게 발견 할 수가 있었다. 여러 나라가 몰려 살면서 숱한 침략과 수탈 속에 살아온 유럽이 EU라는 느슨한 통합체를 결성함으로써 적어도 서로 전쟁을 일으키지 않을 것이라는 신뢰감과 함께 경제적인 통합에 이어 최근에는 문화적 통합까지도 시도하고 있다고 한다.

때마침 워싱턴에서는 지금 한반도 문제를 둘러싸고 긴박한 논의가 진행되고 있다. 브란덴부르크 문 앞에서 느꼈던 그 한없는 자괴감이 되살아난다. 왜 우리는 아직도 통합을 못 하고 있는가? 누가 이 통합을 저해하고 있는 것인가? 통합은 이제 살아나가는 방법에서 선택이 아니라 필수의 조건인 것을 역사가 보여주고 있는데 말이다.

베를린 장벽에 새겨진 이스트 사이드 갤러리 앞에서
최철 장로님과

우리는 독일통일이 유럽의 안정을 이끌었고 EU 탄생의 단서가 되었음을 기억해야 한다. 우리 민족의 통합도 민족의 번영을 뛰어넘어 동북아시아의 안정을 여는 기본 열쇠이자 시작이다. 그럼으로 동북아시아 평화의 주도권을 중국과 일본이 아니라 바로 우리 한민족이 리드할 수 있어야 한다는 것이다.

성 니콜라이 교회와 '평화의 기도회'

성 니콜라이 교회는 구 동독지역으로서 독일 중동부에 있는 상업도시, 라이프치히에 있는 오래된 교회의 이름이다. 1165년에 세워진 유서 깊은 이 교회는 처음 로마네스크 양식으로 지었으나 16세기 초에 고딕양식이 추가되었으며 그 유명한 바흐가 한때 성가대 지휘를 했었고 슈바이처 박사가 청년시절에 2년 동안 담임목사로도 있었던 매우 역사적인 교회다.

이 교회가 자리 잡고 있는 라이프치히는 교통의 중심지라는 점에서 장점도 있었지만 수난도 많이 겪게 돼 1618년, '30년 전쟁'과 1813년, 나폴레옹 침입 때 많은 피해를 입었으며 제2차 세계대전이 끝날 무렵인 1945년 8월 초순에는 연합군의 집중포화로 도시의 4분의 1 정도가 파괴된 일도 있었다.

그런데 이 도시의 한복판에 세워진 유서 깊은 성 니콜라이 교회가 더욱 유명해진 것은 1980년부터 당시 해마다 증강되는 서독의 군비증강에 항의하기 위해 매주 월요일 오후 5시마다 '평화의 기도회'가 열리면서부터였다. 그러다가 마침내 1989년 10월 9일에는 기도회를 끝마친 2,000여 명

성 니콜라이 교회 전경

의 군중들이 거리로 쏟아져 나와 독일통일을 외치면서 결국 베를린 장벽을 무너뜨린 기폭제가 되었던 것이다.

그 후로도 '평화의 기도회'는 계속 열려 전 세계의 가난과 질병, 파괴되는 환경, 그리고 전쟁과 핵무기로부터 인류를 구해내자는 간절한 기도가 계속되고 있었는데 교회의 입구에는 여기를 찾아오는 방문객들이 기도제목을 적어 놓은 노란색 종이와 촛불이 어둠을 밝히고 있었다.

그런데 라이프치히에는 이처럼 교회의 사회 참여를 보여준 성 니콜라이 교회가 있는가 하면 영성의 본거지라고 할 수 있는 유명한 성 토마스 교회도 있었다. 두 교회는 봉사와 영성, 이웃 사랑과 하나님 사랑, '세상 속으로'와 '하늘을 향하여'로 기독교 복음의 양축을 대변하며 신앙의 균형을 보여주는 것이 이채로웠다.

베를린 장벽이 무너진 지도 30년이 지난다. 그 때로부터 독일은 제도적 통일은 되었지만 아직도 사회적, 정신적 통합은 이루어지지 않고 있는 안타까운 현실을 보면서 그러나 우리 민족은 갈 길이 더욱 먼데 아직도 일부 종교지도자들마저 냉전논리에서 벗어나지 못한 채 갈등을 부추기는 사람들과 같은 대열에 서 있는 것을 보면 심한 절망감을 느낀다.

니콜라이 교회에서 평화의 기도문을 적어놓고 나온
일행 AOK 대표 정연진 씨 등과 함께

우리에게 통일은 천천히 올 수도 있고 또 우리 세대에 오지 않아도 그만이다. 그러나 전쟁만은 일어나지 말아야 한다. 참으로 교회는 말로만 주장하는 평화집단이 아니라 진정 전쟁을 부인하고 평화를 추구하는 종교가 될 수는 없는가? 그래서 그날 성 니콜라이 교회에서 그랬던 것처럼 이 땅에서도 '평화의 기도회'를 열 수는 없는 것인가?

다뉴브 강의 추억

다뉴브 강은 볼가 강에 이어 유럽에서 두 번째로 긴 강이다. 독일어로는 도나우 강, 헝가리어로는 두나 강으로 불리기도 하는데 북부 독일의 삼림지대를 출발해 오스트리아, 세르비아, 헝가리, 루마니아, 불가리아, 슬로바키아, 우크라이나 등 모두 10개 나라를 지나 서쪽에서 동으로 흘러가는 전설적이며 유서 깊은 강이다.

한때 로마 제국과 게르만 민족의 국경선이기도 했던 다뉴브 강은 로마제국 말기에는 훈족과 게르만 민족이 이 강을 넘어 서남 유럽을 공격하기도 했었으며 1992년 독일의 라인 강과 이어지는 운하가 건설된 뒤로 다뉴브 강은 북해의 로테르담으로부터 흑해에 이르기까지 전 유럽을 가로지르는 중요한 수로가 되기도 하였다.

다뉴브 강을 보지 않고 유럽의 아름다움을 이야기하지 말라는 말이 있다. 다뉴브 강은 특별히 주변의 경치가 아름답기로 유명한 강이라는 뜻인데 그 아름다움은 헝가리의 부다페스트에 이르러 절정을 이룬다. 어느 곳에서 보다도 폭넓은 강이 되어 한쪽으로는 고도(古都)의 부다와 다른 한쪽으로는 신도시 페스트를 가르며 유유히 흘러가는 다뉴브 강….

부다페스트 시내를 가로지르는 다뉴브 강에서
일행과 함께 뱃놀이로 망중한

메마른 남가주에 사는 사람에게는 그저 도시 한복판에 강물이 흐르고 있는 것만 보아도 마음이 설레기 마련이지만 그 푸르고 넉넉한 강물에다 양옆으로 즐비한 고풍스런 조형물들, 부다 왕궁과 자유의 여신상, 겔레르트 언덕, 그리고 장엄한 국회의사당 건물들이 세체니 다리를 비롯해 각기 다른 8개의 다리와 함께 조화를 이루면서 너무나 아름다운 경관을 이루어 내고 있었다.

예정에 없었으나 일행들과의 의기투합으로 다뉴브 강에서 유람선을 탔다. 청명한 가을 하늘을 머리에 이고 단풍이 조금씩 물들어 가는 도시 사이로 미끄러지듯 흘러가는 유람

선에서는 요한 스트라우스 2세의 '아름답고 푸른 다뉴브 강'과 이바노 비치의 '다뉴브 강의 잔물결'이 계속해 흘러나오고 있었다.

프라하로 가는 시간을 서두르느라 그 유명한 부다페스트의 야경을 놓쳤지만 다뉴브 강은 오랫동안 기억에 남을 것만 같다. 그러나 다뉴브 강에 너무 취해서였는가—버스 안에 얌전히 두고 내린 여권을 밖에서 분실했다고 호들갑을 떠는 바람에 일행에게 잠시 불편을 준 것도 거기서 있었던 일이다.

부다페스트 다음으로 이번 여행길에 잊지 못할 또 다른 도시를 꼽으라면 오스트리아의 잘츠부르크를 빼놓지 못한다. 인스부르크와 함께 해발 1,000미터 고지의 오스트리아 알프스 산맥에 있는 잘츠부르크는 인구는 15만 명밖에 되지 않으나 영화 '사운드 오브 뮤직'의 실제 무대가 될 만큼 세계에서 가장 사랑스럽고 목가적인 도시의 하나로 알려져 있는 곳이다.

여주인공 마리아가 인턴 수녀로 있었던 논 베르크 수도원과 7명의 아이들을 데리고 '도레미 송'을 불렀던 미라벨 정원, 그리고 트랩 일가족이 '에델바이스'를 부르면서 망명길에 오른 시민극장 등, 한 폭의 그림 같은 이 작은 도시를 돌아보는 동안 비가 간간이 뿌리고 있어 더욱 인상적이었다. 고산지대인 이곳은 일 년 내내 우산을 갖고 다녀야 할 정도로 궂은 날씨가 많다고 한다.

잘츠부르크 시내 곳곳에는 유리창마다 화분을 내어 걸은

고풍스런 목조건물이 눈에 들어온다. 그리고 호수가 있는 그 너머 들판에는 풀 뜯는 산양들이 가득했고 멀리 보이는 높은 언덕으로는 전나무 숲과 만년설로 뒤덮인 알프스의 산정(山頂)이 끝없이 펼쳐져 있어 유럽 여행객들이 다시 오고 싶은 곳으로 이곳을 1위로 꼽고 있다는 말에 수긍이 간다.

잘츠 부르크 미라벨 정원에서

여행은 어디를 가느냐 못지않게 누구와 함께 가느냐가 중요하다고 했다. 그런 점에서 이번 유럽 여행이 행복했던 점은 절친한 고등학교 동창부부와 인생의 좋은 선배가 동행이 되었고 가서 또 좋은 일행들을 만났다는 일 때문이었다. 아름다운 강과 아름다운 산과 도시들, 그러나 그보다는 아름다운 사람들을 만나고 온 여행은 그래서 오랜 추억으로 남을 것이다.

프라우엔 교회의 비밀

유럽 여행을 다녀온 사람들 중에 많은 분들은 유럽에 가서 대리석만 실컷 보고 왔다는 이야기를 한다. 그것도 틀린 말이 아닌 것은 유럽의 볼거리라는 것이 거의 중세기에 돌로 화려하게 지어진 성당 아니면 왕궁이기 때문이다. 물론 그 안에 들어가 르네상스 전후에 만들어진 훌륭한 미술품들을 관람하는 기회도 있었겠지만…

이번에 둘러보고 온 독일 남부와 오스트리아, 헝가리, 체코 등지도 예외는 아니어서 바로크 양식이냐 고딕 양식이냐의 차이가 있을 뿐 이름만 다른 비슷비슷한 성당을 많이도 보고 왔다. 더구나 그 지역이 과거 신성로마제국의 중심지였던 데다 지금도 카톨릭 교세가 강한 곳이어서 화려하고 웅장한 성당은 개수해 가며 너무나 잘 보존되고 있었다.

인스 부르크의 성 야곱성당, 뮌헨의 프라우엔 교회, 비엔나의 슈테판 대성당, 부다페스트의 마차시 성당, 그리고 프라하의 성 비타성당 등은 모두가 하나 같이 하늘을 찌를 듯한 높은 대첨탑과 대리석으로 장식된 아름답고 웅장한 내부를 갖고 있었다.

그 가운데 뮌헨에 있는 프라우엔 교회는 1466년에 짓기 시작해 22년 뒤인 1488년에 완공한 뮌헨 최대의 성당으로 내부 장식이 눈부실 만큼 화려한 유명한 성당이다. 이 성당은 큰 비밀을 하나 간직하고 있는데 신축할 때 돈이 모자라 건축을 중단하고 있던 어느 날 마귀가 나타나 만일 창문 없는 교회를 만들면 돈을 지원해 준다는 말에 대주교는 그렇게 하기로 한다.

프라우엔 교회 전경

지금도 교회 입구에 들어서서 어느 자리에 머물면 기둥의 기술적인 배치로 해서 양옆의 창문이 하나도 보이지 않는다. 그러나 한 발자욱만 안으로 들어서면 여러 개의 창문들이 햇살을 쏟아 낸다. 프라우엔 교회의 이 요술같은 비밀은 어쩌면 마귀만 속인 것이 아니라 백성마저도 그런 방식으로 속이고 있었을 것으로 짐작이 간다.

프라우엔 교회 내부

왜냐하면 당시 강력한 절대주의 국가의 지배 권력과 결탁한 교회의 대주교들은 정신적 지배만이 아니라 세속적 지배까지 담당했던 무소불위의 힘을 갖고 있었기 때문이다. 그래서 그 높은 첨탑의 성당과 화려한 왕궁들에서 예술적 가치의 찬탄을 아끼지 못하면서도 그 뒤에 숨은 백성들의 피와 눈물이 얼마나 컸던가를 떠올리게 된다.

1513년, 한때 중단되었던 베드로성당의 건축이 계속될 때 마틴 루터에 의해 종교개혁의 불꽃이 당겨진 것은 결코 우연한 일이 아니었다. 그런데 그로부터 500년이 지난 오늘 한국에서는 교회의 대형화, 최고급 내부 장식과 함께 당시 대주교의 권세를 모방하려는 풍조마저 보이고 있다고 한다.

오늘의 한국 교회나 이민사회의 한인교회가 반드시 중세기 종교개혁 당시의 상황과 같다고 할 수는 없으나 교회의 대형화와 함께 교회가 권력과 물질에 유착하면서 일어나는 모습들, 예를 들어 권력지상주의, 기복신앙, 개교회 이기주의, 교단에서의 교권주의, 임원선거에서의 타락선거는 교회가 이미 하느님의 말씀과 멀어지고 있다는 증거이다.

교회가 사람을 위해 있어야지, 사람이 교회를 위해 있어서는 안 된다. 유럽에서 그 화려한 성당을 방문하며 절감한 것은 급변하는 시대에서 기독교가 존재하자면 참으로 하느님 앞에 바른 신앙이 필요하며 무엇보다도 교회 지도자들의 높은 윤리적 삶이 제고되어야 한다는 점이다. 프라우엔 교회의 비밀이 더 이상 있어서는 안 된다.

연길에서 열린 충주김씨 종친회

김경일, 김강일 이 분들은 친형제 간으로, 형인 김경일 박사는 북경대학 교수이고, 아우인 김강일 교수는 연변대학의 동북아 연구원 원장으로 있는, 중국의 조선족 사회에서는 잘 알려진 지식인들이다.

내가 이분들을 만난 것은 지난번 베이징에서 열린 세계한민족 포럼에서였다. 거기서 우연히 김 씨의 본을 물어보다가 충주김씨인걸 알게 되자, 남한이나 미국에서 거의 충주 김씨를 만나본적이 없는 나로서는 여간 반가운 일이 아닐 수 없었다. 연길에 가기로 했다. 그들보다 사흘 늦게 연길에 도착한 날 저녁, 김 교수는 아예 충주김씨 종친회를 소집해 놓고 있었다. 얼마나 정스럽고 순박한 모습들인지…

교수 외에 치과 의사도 있었고 예술인과 음식점 주인도 함께 만난 그날 저녁 나는 헤어졌던 이산가족이라도 상봉한 것 같은 진한 감동을 맛 볼 수가 있었다. 똑같은 사투리를 사용하는 그들의 고향은 모두가 함경도라고 했다.

내 선친의 고향인 함경북도 성진군이 충주 김씨의 집성촌이라고 들었는데, 대체로 함경도 사람들은 가까운 연변에 많이 옮겨와 살고 있는 것으로 보였다. 그리고 단동과

연길의 충주김씨들

심양에는 평안도 사람, 그 북쪽의 하얼빈에는 경상도, 전라도 사람들이 이주해 살고 있어 중국동포들의 동북3성 분포도는 마치 우리나라 지도를 뒤집어 놓은 모양새를 취하고 있는 것을 알게 되었다.

오랫동안 조선족의 발전전략을 연구해오고 있는 김강일 교수에 따르면 조선족은 본시 중국의 55개 소수 민족가운데서도 교육이 가장 우수하고 평균 문화수준이 제일 높은 민족이며 경제 발전은 오히려 한족보다도 앞서는 경향이 있었다고 한다.

예를 들면 각 민족의 생활수준 종합지수에서 한족이 63.4, 만주족이 67.1, 장족이 40.7일때 조선족은 71.2로 제

연변대학 동북아연구소장 김강일 교수와

일 높았고 직업구성에서 정신노동에 종사하는 인구가 한족은 8.06% 소수민족 평균은 6.15%일 때 조선족은 무려 15%나 되었다는 것이다

그러던 것이 1980년대에 들어서면서부터 중국의 개방정책이 실시되고 산업화가 가속화 되자 대부분 만주벌에서 농사를 짓고 있던 조선족들은 농촌을 떠나 도시로 진출하기 시작했고 한때 200만 인구가 넘었던 조선족사회는 지금 인구감소는 물론 엄청난 몸살을 앓고 있는 중이라고 했다.

중국의 정책이 헌법상으로는 55개 소수민족의 언어와 정체성을 지킨다고 하면서도 소수민족에 대한 중국어 교육을 확대 해 나가고 있어 실은 소수민족에 대한 문화말살정책을 펴나가고 있는 것이 역연하다. 중국어 교육 확대 계획에 2017년은 신장 위그르, 2018년에 티베트, 그리고 2020년부터는 네이멍구와 조선족 자치구가 포함돼 있다. 그래서 그들은 고향을 떠나고 있다.

고향을 등지고 도시로, 세계로 떠나가는 사람들은 아무래도 젊은 층이 대부분인 것은 당연한 일이기는 하나 그 가운데 상당수는 결혼한 젊은 부인들이라는 데서 조선족사회의 고민은 더 깊어지고 있다고 김 교수는 실토한다. 기약 없이 오래 떨어져 있다 보니 가정은 붕괴되고 남겨진 자녀는 거의 할아버지, 할머니 손에 맡겨지기 마련인데 지역에 따라 차이는 있지만 대개 60% 정도의 소학생 아이들이 조부모 손에서 자라고 있다는 것이다.

미국에만도 지금 10만 명이 넘는 조선족이 건너와 살고 있다고 한다. 그들은 적응력이 강하고 부지런 한데다 중국어와 한국어에 능통해 각 지역의 코리아 타운이나 차이나 타운에서 쉽게 일자리를 잡고 있으나 불안정한 체류신분과 가족을 떠나있는 어려움으로 늘 고통이 클 것으로 짐작이 간다.

100년 전 해란강을 피로 물들이며 만주벌판에서 항일운동에 앞장섰던 우리들의 선조가 있었다. 그리고 오늘은 그들의 후손들이 이 땅에 찾아와 대체로는 모두가 기피하는 직종에서 우리들을 도와주고 있다. 한국에서는 서운함을 많이 느끼게 해 줬다지만 우리는 비슷한 과정을 겪은 이민자들이기에 그들 중국 동포들에게 모쪼록 따뜻한 연민의 정을 베풀어야 한다.

시카고, 그 두 개의 도시

6.15 남북정상회담을 기념하는 행사가 있어 주말을 이용해 시카고를 다녀왔다. 분단시대를 살고 있는 우리 민족사에서 매우 의미 있었던 이날은 본시 남과 북, 그리고 해외의 동포들이 큰 규모로 함께 모여 통일의 의지를 다짐하려던 것이었으나 시절이 다시 냉혹해지는 바람에 각 지역별로 행사를 갖기로 하면서 미국에서는 시카고에서 행사를 갖게 된 것이었다.

뉴욕과 워싱턴 등 미국의 동부지역과 LA에서 온 동포들, 그리고 시카고 현지와 미시간, 오하이오 등지의 6.15 공동선언 실천위원회 임원들이 미국 땅의 한복판에서 만났는데 비록 규모는 크지 않았다 하더라도 그때 있었던 역사적 쾌거를 돌아보고 '다시 6.15 정신으로!'를 외치는 그 뜨거운 함성은 잠들어 있는 동포들의 마음을 일깨우기에 충분했을 것이라고 생각했다.

여름이면 매우 덥고 겨울에는 혹독하게 춥다는 시카고이지만 아직 이른 여름 탓인가, 알맞은 기온에 이따금 내리는 소나기로 미시간 호반의 이 도시는 청량하기만 했다. 도착할 때는 오헤어공항 하늘의 천둥번개로 이웃의 조그만 비행장에 불시착해 비가 멈추기를 기다리는 해프닝이 있기는 했지만 처음 가보는 여행지는 그런 일마저 추억으로 남기 마련이다.

한때 시카고는 한인 인구 20만 명으로 LA와 뉴욕에 이어 세 번째로 한인들이 많이 모여 사는 도시를 형성하고 있었으나 언제부턴가 사람들이 생활비가 많이 드는 대도시를 떠나 애틀랜타나 댈러스 등 남부지방과 중소도시로 옮겨 갔다고 한다. 지금은 시카고에 10만 명 정도의 한인들이 살고 있다고 하는데 지구 온난화가 심해지자 전체적으로 시카고 인구는 증가하고 있다는 소식도 들린다.

LA에서도 88 올림픽의 충격과 90년대 초 연이어 발생한 지진과 폭동으로 도시를 떠나는 사람들이 많았는데 그때도 남아있는 사람들한테 '가는 님은 밉상'이었다. 그러나 그들 중 대부분은 몇 년 뒤에 다시 돌아오고 말았다고 하니 낯선 땅에서 터를 옮긴다는 게 그리 간단한 일은 아니다. 그래서 이민자들은 헤어질 때 '가시는 듯 도셔 오셔서' 하는 서원을 잊지 않는다.

아름답고 유서 깊은 유니버스티 오브 시카고의 캠퍼스를 들러 보았다. 시카고에는 그 외에도 노스웨스턴 대학과 무디, 휘튼, 멕코믹 등 유명한 신학교들이 있어 지금도 많은 유학생들이 오고 있을 뿐 아니라 해방 전후로는 감리교회를 중심으로 정치인 조병옥 박사와 황성수 국회부의장, 윤일선 서울대총장, 고황경 서울여대총장, 성악가 이유선 씨 등이 이곳을 거쳐간 훌륭한 인물들로 기억되는 도시였다.

명문 시카고 대학 앞에서 윤길상 목사님과

그래서 시카고를 다니다 보면 확연히 구분되는 두 개의 도시를 만난다. 전설적인 깽단이 있는가 하면 학문의 전당, 신학의 메카라는 칭호를 듣고 있으며, 살기 어렵다고 도시를 떠나는 사람들이 있는 반면 도시의 북쪽에는 엄청난 부촌이 자리 잡고 있고, 시어즈 타워, 마리나 시티, 존 행콕 센터 등의 초현대적인 건축물들로 위용을 자랑하고 있었다.

그러나 다운타운이 있는 그 아래 켠으로는 전혀 다른 나라 같은 흑인 빈민가가 폐허처럼 방치돼 있었다. 그것을 자본주의의 다양성이라고 치부해서는 안 된다. 한 사회 안에서 다시 분리된 소(小)사회가 담을 쌓고 있다면 그것은 다양성이 아니라 분열이고 갈등이다. 두 개를 띄워 놓고 차이만 보려 한다면 결국 한쪽은 부당하게 왜곡되기가 쉽다. 차이에 주목한다는 것은 결국 차별화로 귀착되는 것이기에 인간이라는 공통점에서 우리는 끊임없이 분리된 소사회의 통합과 공존을 모색해 나가야 하는 것이다.

시카고의 화려한 다운타운에서 벗어난 곳에 스코키라는 동네가 있고 거기에 시카고의 명소 '일리노이 홀로코스트 박물관'이 있었다. 1981년에 세워진 이 박물관은 단순한 유대인 학살의 역사를 보관한다는 뜻을 넘어 '잃어버린 사람들의 기억을 존중하고 증오와 편견, 무관심에 맞서 싸우는 평범한 사람들에게' 교훈이 되기 위해 설립되었다고 한다.

일리노이 홀로코스트 박물관 앞에서

그럼에도 불구하고 시카고에서 넘치는 활기와 열정을 보았다. 시카고가 끝나가는 도시처럼 매우 침체돼 있고 사람들은 모두가 축 처져 있을 것이라는 선입관은 매우 잘 못된 것이었다. 글렌뷰에서 만난 그 씩씩하고 총명한 젊은이들, 로렌스 거리에서 비즈니스 하는 그 늠름한 우리 동포들에게도 모쪼록 이 땅에서 이루고자 했던 꿈들이 모두 성취되기를 바랄 뿐이다.

겨울나무

비는 그쳤으나 햇볕이 구름에 가려 음산한 날이 되면 펜실베니아의 랭캐스타 카운티에 펼쳐졌던 그 회색빛 애미쉬 마을이 생각난다. 지난 연말 거기를 찾아 갔을 때 금방 눈이라도 올 것 같은 잿빛 하늘 아래로 이따금 지나가는 검정색 마차와 검은 옷을 입은 여인들의 모습이 눈에서 떠나지 않는다.

문명을 거부하고 그들이 믿는 종교에만 몰입하며 단순하고 소박하게 살아가는 미국 속의 '청학동 사람들'… 그곳을 찾아가기 위해 뉴저지에서 78번 도로를 이용해 남쪽으로 내려가는데 도로 양옆으로는 찬바람이 이는 눈 속에 잎이라고는 하나도 없는 겨울나무들이 을씨년스럽게 서 있었다.

1525년 스위스 취리히에서 생겨난 개신교 일파인 애미쉬는 전쟁에 나가는 것을 반대하는 등 매우 보수적인 사람들로 1710년부터 종교의 자유를 찾아 미국으로 집단 이주를 시작해 왔으며 지금은 미국과 캐나다 등에 걸쳐 모두 13만 명 정도가 살고 있는데 독일계 애미쉬들로 이루어진 랭캐스타 카운티의 공동체에는 1만 8천 명이 살고 있다고 한다.

그들은 문명의 혜택과 미국의 어떠한 제도적 보호도 거부하고 오직 자연과 함께 생활하면서 교육도 영어와 독일어, 기본 셈법만 가르치는 그들 방식의 교육만을 고집하고 있었다. 옛날 그들의 조상이 그랬던 것처럼 말과 작은 마차를 타고 전통적인 검은 옷을 입고 다니며 세상과의 단절을 위해서는 집에 전화나 전기, 라디오나 텔레비전이 일체 허용되지 않는다고 한다.

애미쉬의 이동

애미쉬는 무엇보다도 땅을 소중히 여기며 유기농법을 고집하고 있었는데 그래서 그런지 환경과 생태계를 지키는 학자들과 자연으로 돌아가려는 귀농인(歸農人)들에게는 롤모델이 되고 있으며 직영 공판장에는 그들이 생산하는 각종 농산물이 건강식품으로 각광을 받고 있었다.

컴퓨터와 전화기가 하루가 다르게 바뀌고 그럴 때마다 거기에 따라 가느라 돈과 시간을 없애며 허우적대는 오늘 우리들의 모습을 보면서 '자연스럽게 살자, 단순하게 살아가자'는 애미쉬 공동체 모습은 너무나 검소하고 신선해 보였다.

그럼에도 불구하고 그 농장 전체에서 어두운 회색을 보고 온 것은 산업화 사회에서 문명으로부터의 도피가 때로는 인간의 갈망이라고는 하지만 그것이 반드시 칭송받을 만한 옳은 일이며 애미쉬라는 한 종교집단이 유지하고 있는 탈산업화라는 이 실험은 과연 언제까지 가능한 것인가에 대한 회의가 느껴졌기 때문이다.

주마간산으로 보고 와서 그들 공동체를 평가한다는 것이 경솔한 일이기는 하나 애미쉬들이 종교적 믿음과 가족의 유대를 중시하면서 교육에 대한 욕망을 도외시했던 점은 잘한 일이 아니었던 것 같다. 요즘 들어 공부를 더 하고 싶은 젊은이들은 그 공동체를 떠나는데 그들의 숫자가 해마다 늘어나 한 해 100명씩이나 된다고 한다. 남아 있는 사람들에게 언제나 '가는 님은 밉상'일 테지만 할 수 없는 일이다.

이들의 모습을 완전히 객관화할 수만 있다면 영화처럼 너무나 아름다운 모습이다. 그러나 그 속에서 살고 있는 한 사람 한 사람의 영혼들이 내세에 대한 아름다운 기대가 있다 하더라도 정말 모두가 행복한 것인가를 생각하면 조금은 가슴이 아려온다.

돌아오는 길목에도 여전히 겨울나무들은 앙상하게 서 있었는데 어느샌가 입안에서는 어릴 때 불렀던 이원수 선생의 '겨울나무'라는 동요가 떠올랐다. 그리고 조금 전 보고 온 애미쉬들이 바로 그 겨울나무라고 기억되고 있었다.

펜실베니아 들판을 메운 겨울나무들

'나무야 나무야 겨울나무야, 눈 쌓인 응달에 외로이 서서 아무도 찾지 않는 추운 겨울을, 바람 따라 휘파람만 불고 있느냐'

광활한 미국 대륙, 서부에서 동부까지
-미국대륙횡단 13박 14일 동행 취재기-

중앙일보사가 넥스트 여행사와 함께 이민 '110주년 기념 미국 대륙횡단'을 기획하면서 객원기자로 동행취재를 해달라는 요청을 받았을 때 얼른 대답이 나오지 않았다. 그 먼 길을, 그 긴 일정을 내가 감당할 수 있을까… 그러나 미국 대륙횡단이 내게 있어서도 '버킷 리스트'에 들어 있었던 꿈이었음을 알아내고 신문사의 요청을 받아들여 떠날 채비에 들어갔다. 그리고 그날이 다가왔다. 2013년 5월 28일부터 6월 10일에 끝나는 13박 14일의 대장정이다.

첫째 날(5/28)

소풍가는 날은 언제나 비가 왔는데 오늘은 하늘이 깨끗하다. 대륙횡단… 그 설레는 발걸음으로 LA 아씨마켓에 도착한 것은 아침 8시 반, 회사에서 마련해준 프레스 명찰을 목에 걸고 버스에 오른다. 미국 대륙횡단 팀에는 1903년 제물포항에서 떠난 첫 이민자 숫자보다 10명이 더 많은 131명이 참가했다. 2011년도형 최신 버스 세추라 3대에 나누어 탄 일행은 언론사들의 환송취재를 받으며 오전 9시 20분 뜻깊은 출발을 한다. 처음은 익숙한 길, 15번을 따라 빅터빌과 바스토우, 베이커스를 지나는 동안 여행사의 준비와 대접이 예사롭지가 않음을 알게 해 준다.

넥스트 투어 버스

둘째 날(5/29)

Las Vegas의 밤은 늘 보아도 화려하다. 그 화려함이 침체되었던 미국 경제의 회복으로 보여 반가웠다. 그런데 수년 전 왔을 때와 또 다른 모습은 베네치안 호텔의 광장에서 아리랑과 애국가 연주를 들으면서 확인할 수 있었다. 다운타운의 전광판 쇼를 LG 전자가 만들었다는 이야기를 들으며 많은 관광객이 몰리는 장소에서 아리랑을 듣는 것은 분명 대한민국의 자랑이다. 한미수교 131년, 한미동맹 60주년인 올해 모쪼록 두 나라가 융성해지기를 바라는 마음이다.

애리조나 주에 있는 나바호 족의 성지 모뉴먼트 벨리

아침에 자이언 캐년과 그랜드캐년의 North Rim, 그리고 Glen Canyon의 댐을 거쳐 애리조나의 Page에서 두 번째 밤을 맞는다. 호텔 방에 들어오면 그때부터 바빠진다. 우선 프론트에 찾아가 Wi-Fi 패스워드를 받아내, 가지고 온 iPad를 작동시키고 신문사 기사 송고, 여행사 블로그에 매일 단신 송고, 그리고 아내와 아이들한테도 매일 도착한 곳의 풍경과 사진을 보내고, 피곤하지만 여행에서 오는 또 다른 재미가 있다. 그런 작업들을 끝내고 나니 새벽 1시가 넘는다.

셋째 날(5/30)

처음 와 본 Antelope Canyon의 천연 동굴은 하나님 아니고서는 만들 수 없는 신비한 작품으로 사진작가들이 그렇게 좋아할 만도 하다.

인디안의 삶에 관심을 갖고 있던 서울의 김수창 신부님이 노광길 한미은행 이사장의 초청으로 대륙횡단에 합류했기에 오늘은 그분들의 우정을 기사로 만들었다. 2003년 원로 사목자로 은퇴하시고 세계 곳곳을 여행하시며 '너에게 보여줄 땅으로 가라'라는 순례기도 쓰신 좋은 신부님과의 만남은 큰 축복이었다.

다른 협곡들도 볼 적마다 새로운 감동을 준다. 모뉴멘트 밸리에서는 나바호 인디언 후예가 운전하는 트럭으로 성지를 한 바퀴 도는 동안 때마침 세찬 바람이 불어 모래를 흠뻑 뒤집어썼지만 누구하나 불평하는 이는 없다. 대구에서 온 전직 공무원 부인은 흙이 입에 가득하지만 '내사 그만 좋은기라'

애리조나와 유타, 뉴멕시코, 콜로라도 등 4개주가 만난다고 해서 Four corner라는 이름의 동네를 지나 콜로라도

동행했던 김수창 신부님과 노광길 이사장

의 Cortez에 도착한다. 시골길에 그 많은 인원이 동시에 먹고 잘 수 있는 장소를 예약해 두다니… 오늘부터 사진을 카메라가 아니라 iPad로 찍기 시작했는데 작업 속도도 빠르고 화질도 좋다.

넷째 날(5/31)

오늘은 익숙했던 서부관광지역을 벗어나 콜로라도로 간다. 2호차 가이드 정호영 씨, 기사 이태훈 씨를 비롯해 세 버스의 가이드와 운전기사들 간의 팀워크가 일사불란하다. 평균연령 60세는 족히 되는 일행들은 고단하기 마련이어서 늦도록 자야 할 것이련만 콜로라도 로키산맥의 서릿발 같은 상큼한 공기와 오늘 전개될 신묘한 자연들로 해서 모두가 잠을 설친다.

이른 아침 산정으로 올라가 세계에서 가장 보존이 잘 되었다는 인디언 거주지 Mesa Verde 국립공원에 올랐는데 그만 너무 일찍 오는 바람에 미처 공원 문을 열기 전이라 밖에서만 쳐다보고 만다. 거기서 내려와 세계에서 제일 높은 지대 1,320피트에 놓였다는 흔들다리 조지로열 다리를 건너간다. 캐나다 로키가 훌륭하다지만 여기서 본 미국의 로키산맥 절경도 그만이다. 오늘은 종일 구름 위에 떠다니다가 겨울 리조트의 도시 Colorado Springs에 머문다.

다섯째 날(6/1)

길 떠나면 다 친구라고 했던가… 조금은 서먹서먹하게 떠났던 사람들이 닷새를 넘어서자 모두가 죽마고우다. '어떤 연유로 대륙횡단을 오게 되었고 그동안은 어떤 걸 느끼고 있었는지' 나는 버스마다 다니며 그분들의 이야기를 듣는다. 어떤 젊은 부부는 미국횡단여행을 하자고 여러번 졸라서 'next(다음번)에 가자'고 이야기했더니 부인이 잘못 알아듣고 그길로 next tour에 가서 바로 신청을 해버리는 바람에 오게 되었다고 말해 모두가 박장대소 — 그러자 다른 이가 나서 'Next에서 Carpe Diem(오늘을 잡아라)'이라고 하면 되겠군요' — 모두들 말솜씨가 기가 막힌다.

오늘은 콜로라도 관광명소 중 가장 인기 있는 곳으로 알려진 '신들의 정원(Garden of the Gods)'과 미국 공군 사관학교를 관람하고 댄버에서 점심을 먹은 뒤 25번 도로를 따라

북쪽으로 오르다가 와이오밍주의 주도이자 한적한 도시 샤이엔(Cheyenne)에 머문다. 여기서 고려대학교 간호학과 후배들을 기다려준 이종선 할머니(마취과 의사)의 파란만장한 무용담에 시간을 잊는다.

여섯째 날(6/2)

미국횡단을 시작한지 어느덧 엿새째, 달려온 거리로는 정확히 2,000마일이란다. 다행스런 일은 131명이나 되는 대식구인데 아직까지 한 명의 환자도 발생하지 않은 일이다. 나이가 많은데도 불구하고 모두가 여행의 달인들이어서 준비를 많이 한데다가 여행사가 2명의 간호사를 동행시킨 것도 훌륭했다.

고산지대의 그 청량한 공기에 이어 오늘부터 전개되는 대평원의 시원한 풍광이 몸을 아프게 할 겨를도 없다. 오늘 Mt. Rushmore에서 최고의 감동을 맛보며 그 감격으로

러쉬 모어 대통령 조각상 앞에서
대륙횡단 팀 단체 사진

처음으로 단체 사진을 만들어 신문사에 보낸다.

그 근처에 있는 수족(Sioux) 인디안 장군 Crazy Horse Memorial이 대통령 조각상을 조금 빛바래게 하는 것 같았으나 그것도 미국의 다양한 모습으로 보였다.

일곱째 날(6/3)

북위 40도가 넘는 곳이어서 아침공기도 40도를 밑도는 제법 쌀쌀한 날씨다. 아침 공기를 가르며 오늘은 Rapid시를 출발해 대평원으로 떠난다. 세계최고의 목초지를 품고 있는 Badlands 국립공원은 끝없는 평원 속에 흙과 바위로 빚어진 계곡이 있어 너무나 아름답다. 규모로는 그랜드 캐년을 못 따르지만 한 시야에 주변이 다 빨려 들어오는 또 다른 감동을 준다.

사우스다코타의 Badlands 국립공원

그리고 나서 이번 미국횡단의 하이라이트를 장식하는 가도 가도 끝없는 대평원… 일부만 농토일 뿐, 대부분 목초지로 방치된 대평원에는 어디에선가 금방이라도 인디언들이 나타날 것만 같은 분위기를 느끼며 6시간을 달려 미네소타의 Rochester에 여장을 푼다. 오는 길에 미리 준비한 샌드위치로 초록의 풀밭에 앉아 점심을 먹던 일도 추억에 남을 것이다.

여덟째 날(6/4)

서부에서 로키산맥을 넘고 중부대평원을 건너온 오늘부터는 동부지역관광으로 들어간다고 한다. 가이드가 뉴욕에서 온 다른 사람으로 바꼈는데 지금까지 안내해 주신 분들이 너무나 잘 했기에 조금 걱정이 된다.

위스콘신주의 주도 Madison으로 가는 길, 울창한 수풀과 깨끗한 호수들이 동부에 온 것을 실감케 해준다. 사람들은 이 버스 저 버스 찾아다니며 형제처럼 지낸다. 내일은 시카고로 떠나는 날인데 날씨가 추울 것 같으니 두꺼운 겉옷을 입으란다. 여름에 떠났는데… 돌아보면 길은 멀기도 했다.

아흐레째 날(6/5)

오늘 아침 일찍 맥주의 도시 Milwaukee를 떠나 바람과 건축의 도시라는 시카고로 향한다. 나는 이번이 세 번째 시카고 행이나 미국에 오래 산 사람 중에 의외로 초행인 사람이 많다.

시카고에 들어와 윌리스 빌딩의 Sky deck에서, 밀레니엄 파크에서, 그리고 프랭크 로이드 뮤지엄에서 시간을 보내고 오후에는 시내 한복판을 가로지르는 운하에서 크루즈를 즐긴다. 계속 비는 오락가락하나 깨끗한 도시, 아름다운 건축물에 사람들은 반한다. 아름다운 사람을 만난 사람은 더 그럴 것이다.

시카고 빌딩숲을 가로지르는 크루즈

열흘째 날(6/6)

South Dakota의 Rapid시에서 만나기 시작한 90번 Free Way는 미국의 최북단 동서 길이다. 시카고의 하루를 보낸 후 오늘은 다시 동으로 달리는 그 길 90번을 따라, '오늘도 걷는다만은 정처 없는 이 발길'을 계속 한다. 그렇게 400

마일쯤 달렸을까… 오대호 연안을 돌아 Toledo를 지나고 Cleveland, Erie에 이르는 곡창지대, 언제 보아도 동부지역의 수풀은 살아있는 윤기가 넘친다. 그 가운데서도 Cuyahoga Valley에서 달리는 차창 밖 풍경은 놓치기 아까운 한폭의 그림이다. 오늘의 숙소는 오대호 연안 도시 Erie.

열하루째 날(6/7)

종착지가 가까워 오자 아쉬움이 커지는 표정들이다. 오늘은 종일 나이아가라 폭포에서 물보라 맞고, 배타고, 사진 찍고 어린아이들처럼 즐겁게 하루를 보낸다. 버스 2대는 캐나다로 넘어가고 1대는 미국 쪽에 남아 골고루 다니며 그야말로 '나이야 가라'에 흠뻑 빠진다. 바지도 젖고 신발도 물에 빠지고, 그 전에 다녀간 사람들도 이번이 제일 여유 있게 볼 수 있었다고 찬사, 찬사.

열이틀째 날(6/8)

'퍼뜩 가가라' 아니다. 버스 떠난 담에 갈기다 '니가 먼저 가라니까 그런다. 니가 거기 서 있는 거 보면서 버스 떠나면 내가 그만 울어 버릴기다' 오늘 아침 Buffalo 호텔 앞, 버스가 막 출발하기 전에 있었던 차창 밖 풍경이다. 친구 박미주 씨가 여기 온다는 말을 듣고 같은 호텔에 투숙한 마산 초등학교 동창생은 같은 호텔에 투숙해 밤새 이야기해 놓고는 아침에 차마 친구를 보내지 못하고 있는 것이다. '내 고향 남쪽 바다 그 파란 물 눈에 보이네' — 이은상

선생의 고향생각이 울컥 치밀어 오르는 아침이었다.

그래도 무정한 버스는 버팔로를 출발해 안개 자욱한 15번 남쪽 도로로 속력을 낸다. 단풍계절이면 그렇게 아름답다는 곳이다. 오는 길에 잠시 코닝회사와 허쉬 초콜릿 회사를 둘러보며 대기업이 번 돈을 사회에 어떻게 환원하고 있는가를 배운다. 마지막 하루 전 여정을 Harrisburg에서 푼다. 이 동네이름에는 ~burg가 많다. 유명한 게티스버그도 이웃에 있고…

열사흘째 날(6/9)

아침 일찍 서둘러 워싱턴 DC에 도착해 링컨기념관과 국회의사당, 백악관, 제퍼슨 기념관, 한국전 기념관 그리고 스미소니안 박물관을 차례로 들러 보며 큰 나라의 심장소리를 듣는다. 오후에는 다시 뉴욕을 향해 달리다가 세일즈 텍스가 없다는 주, Dela Ware에 잠시 머문다. 그러고 보니 우리가 살고 있는 LA 쪽의 세일즈 텍스가 보통이 아닌 게 비교된다.

뉴저지에 짐을 푼 뒤 뉴욕 퀸즈대학의 민병갑 교수를 강사로 초청하고 내가 사회를 보면서 '뉴욕한인사회의 실태와 미래'에 대한 이야기를 나누었다. 피곤했을 텐데도 100여 명이나 참석해 한인사회에 긍정적이고 희망이 보인다는 강의를 들으면서 이 땅에서 더 높은 꿈을 키우고 우리 자손들을 주류사회에 크게 진출할 수 있기를 소원했다. 그리고 여행사가 준비한 대륙횡단 인증서를 한 장씩 받아 쥘

때는 마치 졸업장 받듯이 기뻐들 한다.

마무리 행사

마지막 날(6/10)

오늘로 13박 14일의 일정이 모두 끝나는 날. 아침부터 대장정의 여행을 마치는 아쉬움과 집에 돌아가는 귀향의 설레임이 교차한다. 나는 먼저 일행들과 작별 인사를 하고 맨해튼으로 가 딸 수연이를 만난다. 새로 깨끗하게 옮긴 클리닉 사무실을 둘러 본 뒤 9·11현장을 방문한다. 미국을 송두리째 흔들어 놓은 현장, 그러나 거기서 다시 일어나고 있는 미국의 힘을 본다.

온종일 비를 주룩주룩 맞고 다녔지만 오랫만에 만난 피

붙이들과의 시간이 너무 살갑다. 점심은 사위 우석이가 예약해 둔 자기 회사 근처 타임스퀘어 한복판 고급레스토랑에서 대접 받으며 아이들도 대견하게 생각해 주는 대륙횡단 이야기를 목이 쉬도록 들려준다. 그리고 나서 오후 5시 40분 뉴욕을 떠난다.

오는 길은 버스로 4,500마일을 14일 동안, 가는 길은 비행기로 2,600마일을 6시간 동안 달려서 미국의 동과 서를 왕복한다. 꿈만 같던 미국 대륙횡단… 그 꿈을 이루었다. 조금 연착한 LA공항에 아내와 Casper가 반갑게 마중 나와 있었다.

제 6 장

살며 뉘우치며

보리피리 불며 필 닐니리

3월 이맘때쯤이었다. 미국에 오기 전 어느 해던가 방송국에서 신춘 특집을 만들기 위해 부평으로 한하운 선생을 만나러 갔었는데 선생은 봄볕이 따가운 툇마루에 앉아 일행을 반갑게 맞이해 주었던 기억이 난다. 함경남도 함흥에서 태어난 선생은 어려서 진단받은 나병의 재발로 직장을 그만두고 남하해서 평생을 병과 싸우며 시인과 걸인으로 살아가고 계셨다.

한하운 선생은 그때 육성으로 '보리피리'를 낭송해 달라는 요청을 흔쾌히 들어 주셨다. —"보리피리 불며/봄 언덕/고향 그리워/필 닐니리. 보리피리 불며/꽃 청산(靑山)/어린 때 그리워/필 닐니리. — 선생의 목소리는 둔탁하고 쉬어 있었지만 가누기 어려운 슬픔이 배어있었다. 그러고 나서 5년 뒤에 한하운 선생은 돌아가셨다는 소식을 들었다.

미세먼지 속에서도 어김없이 봄은 찾아와 지금 한국의 섬진강 유역에는 매화꽃이 한창이다. 한하운 선생이 그리워했던 '꽃 청산'이라도 재연하려는 것일까. 지난해보다 매화는 1주일 정도 빨라져 3월 17일까지가 광양매화축제의 절정이라는데, 하동에서 광양에 이르기까지 지리산 자락을 따라 굽이굽이 흘러가는 섬진강 주변에 꽃구름처럼 펼쳐진 매화꽃이 눈에 선하다.

남가주에도 어느 해보다 풍족하게 내린 비로 사막이나 어디서나 초목들이 봄을 전하기에 경쟁에 나섰다. 앤틸롭 밸리를 중심으로 4월에나 만개하던 파피 꽃도 어느새 동산을 덮었고 내가 자주 찾는 사우스코스트 보테닉 가든에는 매화에 이어 벚꽃이 한창이다. 어디 그뿐이랴, 가든의 오솔길을 따라 양옆으로는 물을 흠뻑 들여 마신 이름 모를 꽃들과 잡초들이 싱싱하다.

이렇듯 봄은 강산을 뒤덮고 있건만 춘래 불사춘(春來 不死春)인가, 세상에는 봄이 거꾸로 가고 역사도 퇴보하고 있는 듯한 소식들로 가득하다. 이 봄은 평화의 봄이기를 온 민족이 그렇게 바랐는데, 하노이선언이 무산된 이유가 미국 국내정치의 유, 불리 판단으로 그렇게 되었다는 정황이 전해지면서 동맹국에 대한 서운함 이전에 민족의 고달픈 운명을 뼈저리게 느끼게 된다.

이 봄을 또 쓸쓸하게 만들고 있는 일은 5.18 민주혁명이 있은 지 40주년을 지나고 있는데 아직도 그날 학살의 주역 전두환 씨가 멀쩡하게 살아 있으면서 고개를 쳐들고 다니고 있다는 사실이다. 그리고 민주주의를 처참하게 농단한 죄과로 대통령직에서 파면된 박근혜 전 대통령은 한마디 뉘우침도 없는데 어느새 사면 주장이 나오고 있다는 사실도 놀랍다. 역사의 죄인들은 그때 단죄를 못하고 나면 두고두고 후회가 된다는 교훈을 잊지 말아야 한다.

그런 가운데 한때 5.18 광주민주화운동 진상조사특별위원회 위원장 등으로 한국의 민주화 투쟁과 통일 운동의 큰 나무이셨던 문동환 목사님의 부음을 듣는다. 그렇게 원하셨던 민족의 통합을 못 보시고 떠나신 게 가슴 아프다. 6.15 남북공동선언 실천 미국위원회 위원장을 맡아주셨을 때 함께 평양축전에도 다녀왔지만 옆에서 모셔 본 목사님은 외롭고 힘든 사람에게는 너무나 따뜻한 분이셨다.

미국에서 편하게 목회자의 길을 걸으실 수 있는 기회가 많았는데도 목사님은 언제나 민초들 편에 선 '떠돌이 목자'로 당신을 낮추셨다. 자서전의 부제도 '떠돌이 목자의 노래'다. 일제 강점기 북간도에서 태어나신 목사님은 남한으로, 일본으로, 미국으로, 다시 한국으로 그 자신 떠돌이처럼 다니시며 역사의 주류에서 밀려난 떠돌이 백성들을 보듬는 눈물의 한평생을 보내셨다.

떠돌이 목자 문동환 목사님과 유랑시인 한하운 선생의 공통점이 있다. 그분들은 소외된 인간을 한없이 사랑했으며 끝내는 그들의 봄을 믿었다는 점이다. — 보리피리 불며/인환(人還)의 거리/인간사 그리워/필 닐니리. 보리피리 불며/방랑의 기산하(幾山河)/눈물의 언덕을 지나/필 닐니리.—

꽃보다 더 아름다운 생명

서울에서는 하루는 열대야(熱帶夜), 하루는 장맛비로 힘들게 보내고 있는 사이 이곳 남가주에서는 적당한 온도에, 적당한 바람에, 그리고 적당한 습도가 있는 가운데 비교적 쾌적한 여름 날씨가 계속되고 있다.

지난겨울의 강우량도 충분했던 데다 요새는 아침저녁으로 한기를 느낄 만큼 시원하다가도 한낮이면 따가운 햇볕이 온통 대지를 뒤덮는 바람에 특별히 올해는 이곳 LA 인근의 풀과 나무들이 얼마나 잘 자라는지 모른다.

아내는 오늘도 뒷뜰의 작은 텃밭에 나가 반나절을 보내고 있다. 이것저것 가꾸는 일에 혼자 재미있어 하다가도 심심하면 그 바로 2층에 난 창문을 향해 나를 불러 내린다.

소꿉장난하듯 이른 봄부터 화초며 야채들을 곳곳에 사다가 심더니 어느새 꽃이 지고 열매들이 열리기 시작한다. 포도송이 같은 토마토가 주렁주렁 매달려 있는가 하면 그 옆으로는 가지와 벨 페퍼, 블랙 베리가 한두 개씩 앙증스럽게 열려 있는데 아무래도 호박의 그 무성한 줄기에는 당할 자가 없어 보인다.

새순이 움트고 새파란 줄기와 이파리가 돋아나더니 그

사이에서 꽃이 피고 어느 샌가 조그만 열매들이 매달려 자라는 모습은 너무나 신비스러워 보인다. 꽃에서 어떻게 그런 열매들이 나오는 것이며 그 열매는 누가 풍선을 불어주고 있는 것도 아닌데 그렇게 하루가 다르게 커가고 있는 것일까?

생명의 그 신비함과 오묘함—"하나님이 가라사대 땅은 풀과 씨 맺는 채소와 각기 종류대로 씨가진 열매 맺는 과목을 내라 하시매"— 참으로 모든 생명의 근원되시는 하나님의 능력을 외면하고서는 도저히 이해가 되지 않는 일이다.

호박 넝쿨이 너무 쑥쑥 자라 자르고 싶다가도 그 생명의 경외함을 보면서는 비록 식물일망정 함부로 잘라내고 함부로 죽여서는 안 되겠다는 생각마저 든다. 생명이 있는 것은 아무리 보잘 것 없는 것이라 하더라도 무서운 힘이 있다는 것인가?

풀과 채소가 그러한데 사람에 이르러서는 더욱 놀라움을 금하지 못한다. 처음 보는 손자 아이가 출산 예정일을 닷새 넘기면서도 나오지 않자 겉으로는 "남자 녀석의 성격이 촐랑대면 뭐에 쓰겠나, 천천히 뚜벅 뚜벅 걸어오고 있겠지" 하며 여유를 부리다가도 돌아서면 이내 궁금증이 떠나지를 않았다.

그러다가 엿새 째 되는 날, 마침내 저희 엄마 뱃속을 뚫고 세상 밖으로 나왔다. 뱃속에서 며칠 더 자라다 나와서 그런지, 아니면 요즘의 아이들이 다 그런 것인지, 처음 태어 난 아이 얼굴이 왜 그렇게 정교하고 표정은 왜 그리 분명한지 모를 일이다. 그런데 더욱 감탄을 금치 못한 것은 그 아이의 얼굴이 처음 만났는데도 어디서 많이 본 듯한 너무나 익숙한 모습을 보여주고 있기 때문이었다.

여러 신비 중에서도 생명의 신비는 가장 큰 신비다. 생명의 신비는 과학의 설명으로도 부족한 별도의 힘을 생각해 보지 않을 수가 없는 것이다. 흙이 사람이 된 것이 아니라 그 속에 하나님의 입김이 들어감으로써 사람이 되었다는 창세기의 기록은 내가 바로 내 생명의 주인이 아닌 것을 깨닫게 해준다.

열매를 두고 "한 알의 밀알 속에 담긴 헌신의 비밀"이라고 비유한 목사도 있었고 누구는 도심 속의 "피라칸타"를 보며 "꽃보다 더 아름다운 열매"라고 말했다지만… 아, 꽃보다 더 아름다운 생명이여! 누가 감히 이 생명을 훼손하거나 살상할 수 있다는 것인가? 이 아름다운 생명들을 지키고 평화를 가꾸어 나가는 인간의 노력은 앞으로도 더욱 담대해져야 한다.

대나무가 늘 푸른 까닭은

웡, 웡, 위이 잉… 창문너머 휘몰아치는 대나무 소리에 오늘도 잠을 설친다. 일기예보에서 저녁에 바람이 있을 것이라고 한 날이면 영락없이 우리 집은 대나무 숲에서 나는 무서운 바람소리를 피하지 못한다. 대나무 잎들은 바람이 없어도 자기들끼리 몸을 비벼대며 바람소리를 만들어 내는데 한참 바람 부는 날이야…

대나무 가지 하나를 화분에 심기도 하고 분재로 키우는 사람도 있다. 그런데 무슨 복으로 발코니에 나서기만 하면 족히 30개가 넘는 대나무 숲을 만나게 되니 바람소리쯤은 참을 만도 하다. 밤에도 가만히 들으면 구슬픈 피리소리거나 아니면 대금과 단소의 합주곡 같기도 하다. 대나무의 타고난 음율(音律)이 바람소리를 더 크게 만든다.

피난시절 6년 동안 살았던 영동의 금계리 뒷산은 울창한 대나무 밭이었다. 그 대숲에 몸을 감추고 있으면 해가 어디쯤에 있는지 구분 못 한다. 그 대신 바람소리로 계절을 알아맞힌다. 기운 없는 공기가 대숲을 지나면서 만들어 내는 서늘한 바람소리는 가을이었고 세찬 바람소리를 만들어 낼 때는 그것이 겨울인 것을 알게 해 주었다.

소나무와 같이 대나무는 눈이나 서리를 맞아도 시들지 않고 사계절 푸르른 식물이다. 그래서 송죽(松竹)은 매화와 난, 국화와 함께 사군자(四君子)와 십장생(十長生)의 하나로 옛부터 귀하게 여겨온 나무다. 우리나라 고서화를 보면 대나무 그림이 거의 빠지지 않았고 대나무의 절개를 노래한 시인들은 한두 명이 아니다.

중국 송나라의 문호 소동파도 어려서부터 대나무 사랑이 극진해 '고기를 먹지 않을 수 있지만 대나무 없이는 살수 없다'고 했다. 그리고 청나라 화가이며 시인인 정판교의 대나무 사랑도 유별났는데 얼마 전 장쩌민 전 중국 국가주석이 정판교 시인의 시 '죽석(竹石)'이 실린 시집에 서문을 보냈다고 해서 화제가 되기도 했었다.

일본의 관광지에 가면 곳곳에 대나무 숲이 흔하지만 그 중에서도 교토의 그 시원한 치쿠린(竹林)은 오랫동안 기억에 남는다. 한국에도 전라남도 담양읍에 가면 죽녹원(竹綠園)이라는 울창한 대나무 정원이 있다고 들었다. 언제 한국에 가면 청산도의 슬로우 길과 함께 가보고 싶은 곳의 하나로 꼽아 놓고 있다.

슬로우 길을 떠올리자면 대나무의 성장도 슬로우다. 일단 땅 위에 오른 다음에는 쭉쭉 자라지만 싹을 틔우기까지 수년 동안은 땅속에서 뿌리만 뻗는다고 한다. 위로 자라기 전에 아래로 먼저 튼튼한 뿌리를 내리고 그 뿌리의 힘으로 성장하는 대나무에서 사람은 기초의 든든함, 그리고 기다림의 지혜를 배운다.

대나무는 곧으면서 겸손하다. 어떤 유혹에도 굽히지 않고 곧음을 지니는 대나무는 정판교 시인의 '죽석(竹石)'에서처럼 '비바람이 천번 만번 불어도 굳건하니' 당연히 지조의 대명사다. 그러면서 속을 비워 두는 겸손함은 빌립보서에 나오는 '오히려 자기를 비워 종의 형체를 가지사 사람들과 같이 되셨고'의 가르침을 연상한다.

청렴하고 강직한 사람을 대쪽 같다고 한다. 초대 대법원장으로 국민의 신망을 받았던 김병로 선생은 참으로 대쪽 같은 법관이었다. 그 뒤에도 더러 그런 사람이 있었지만 끝까지 명예를 지킨 이는 흔치 않다. 인사청문회에서 봤듯이 젊은 시절 한때 가졌던 대쪽의 마음에 자기를 숨겨 놓고, 몸은 그만 세상의 탁류에 얹어 버린 사람들…

사람이 한평생을 대나무처럼 살다 가기는 정녕 어려운 일인가… '나무도 아닌 것이 풀도 아닌 것이 곧기는 뉘 시키며 속은 어이 비었는가, 저렇고 사시에 푸르니 그를 좋아 하노라' 겨울을 지나면서 댓잎이 조금 떨어지거나 노란색을 띄더니 그 속에서 새 잎을 만들어 낸다. 대나무가 늘 푸른 것은 끊임없이 잎갈이를 하기 때문이다.

꽃 속에 바람 속에

어느 해보다도 남가주에 비가 많이 온 때문인가, LA북쪽의 높은 산은 아직도 하얀 눈으로 덮여 있는데 산책 다니는 야산 주변으로는 파랗고 싱싱한 잔디가 무성해졌다. 그런데 또 어느샌가 그 사이 사이로 노란색, 보라색, 하얀색의 들꽃들이 가득 채워져 가고 있다. 철따라 야산의 색깔이 바뀌고 거기에서 꽃이 피어난다는 것은 참으로 묘하고 신기한 일이다.

구릉 아래 비탈길에 피어 있는 꽃을 내려다보면 가느다란 수선화와 프리지어 인 것이 한 눈에 들어온다. 겨우내 구근 속에서 움츠리고 지내다가 그렇게 일찍 봉우리로, 꽃으로 피어나는 부지런함이 남다르다. '일찍 피는 꽃은 일찍 시든다'는 다산 선생의 질책에 아랑곳 없이 수선화와 프리지어는 서둘러 눈 속을 헤치고 나온다.

아예 겨울에만 피는 설중매(雪中梅)라는 꽃이 있기는 하다. 좋은 계절 다 놔두고 눈 내리고 얼음 꽁꽁 어는 겨울에 피는 그 심사가 궁금하지만 옛부터 많은 시인들은 이 꽃을 보면서 시상(詩想)을 다듬었고 그 절개를 닮고 싶어 했을 정도로 겨울에 피는 매화는 고고한 자태를 뽐낸다.

이제 다음 달부터 남가주는 본격적인 야생화 계절에 들어간다. 땅속에는 물기가 많고 바깥 날씨는 여름처럼 따뜻한 사상 최고의 컨디션을 맞이했으니 파피꽃도 4월 초순이면 사막을 뒤덮을 것으로 보인다. 어디 파피꽃만이랴, 남가주의 봄은 형형색색의 꽃들과 때때로 불어오는 해풍으로 아름답고 촉촉하게 문을 연다.

때마침 예수님이 고난을 향해 걸어가신 날들을 기억하며 부활을 기다리는 사순절이다. 이 기간을 보내면서 그리스도인들은 생명과 죽음과 부활의 의미를 생각해 볼 것이다. 그리고 교회는 이 동안만이라도 세상의 것들을 모두 내려놓고 마음속 깊이 회개하며 그리스도의 고난과 죽음이 삶에 투영되기를 권유한다.

그리스도인들이 사순절을 보내고 있는 동안 불교의 큰 어른 법정스님이 돌아가신다. 무소유를 실천하시며 평생을 맑고 향기 나게 사셨던 법정스님은 그리스도인들과도 깊은 교분을 이어가며 법문에는 성경을 많이 인용하기도 했던 도량 큰 스님이셨는데 그의 법구가 장작더미 위에 올려져 훨훨 재가 되어 날아가는 것을 보며 부활(復活)의 계절에 모두가 윤회(輪回)를 떠올린다.

법정스님은 유독 꽃 키우기를 좋아했었다고 한다. 산골 오두막에서 칩거하며 수행하는 동안 늘 꽃을 키우고 꽃과 함께 사셨다. '홀로 사는 즐거움'이란 그 분의 수필집에서 법정스님은 '때로는 꽃 앞에서 자신의 고민도 털어 놓고, 세상사는 이야기도 두런두런 나눠 보라. 짐이 훨씬 가벼워

지고, 꽃한테서 많은 위로와 가르침을 받게 될 것'이라고 권한다.

그러면서 법정스님은 꽃과 새잎이 피어난 신록처럼 사람도 철따라 맑고 투명하게 새롭게 피어날 수 있었으면 좋겠다는 이야기를 한 적이 있었다. 그런데 법정스님이 이 꽃의 계절에, 바람이 불어오는 계절에 우리 곁을 떠나셨다. 맑고 향기 나는 꽃 속에 바람 속에…

'차갑고도 따뜻한 봄눈이 좋아
3월의 눈꽃 속에 정토로 떠나신 스님
꽃피는 것도 보지 않고 서둘러 가셨네요. (중략)
종파를 초월한 끝없는 기도는 연꽃으로 피어나고
하늘까지 닿는 평화의 탑이 될 것입니다.
언제라도 3월의 바람으로 다시 오십시오, 우리에게'

병상에 있는 이해인 수녀가 보내온 법정스님 추도사가 가슴을 울린다.

왜 거기에 살고 있습니까?

남가주의 9월은 어느 때보다 뜨거웠다. 뒤늦게 찾아온 늦더위에다 LA북쪽 주택지대까지 엄습한 산불 때문에 도시는 온통 매연과 분진과 뜨거운 열기로 뒤덮히고 말았었다. 같은 도시 안에서라도 조금 떨어진 곳에 사는 사람들이야 공기가 나쁘다는 배부른 불평이나 했지만 막상 산불로 재산의 피해를 봤거나 집을 비워 두고 대피해 있었던 사람들로서는 참으로 날벼락도 그런 날벼락이 없었을 것이다.

산불이 한창일 때 거기서 가까운 곳에서 신혼생활을 하고 있는 조카한테 전화를 했더니 막 짐을 싸고 있다고 했다. 서둘러 집을 빠져 나오면서 대체 뭘 싸고 있었을까— 주택에 관한 서류, 보험 증서, 은행이나 크레딧 서류, 건강에 관한 서류, 자동차 서류, 여권, 운전 면허증, 혼인 증명서, 결혼 앨범, 그리고 결혼 때 주고받은 패물들은 챙겼을는지— 옆에서 듣고 있던 아내는 유독 관심이 많았던지 강아지는 어떻게 했는지 물어 보란다.

그런 비상시를 예상한다면 산불만이 아니라 늘 지진의 걱정도 있는 남가주에서는 평소에 비상시 대피할 서류들을 정해 놓고 리스트와 함께 그것들을 비교적 손쉬운 곳에 둘

필요가 있겠다 싶었고, 그 외에도 비상음식이나 응급약, 세면도구, 손전등, 라디오, 목장갑, 운동화, 담요, 비상금, 가족사진 등을 넣어둔 가방 하나쯤은 항상 준비해 두고 살아야겠다는 생각이 들었다.

아마도 이번에 대피소에 있다가 집에 돌아간 아이들은 다른 데로 집을 이사 가자고 부모한테 떼를 쓰고 있을는지도 모른다. 서울에서 걱정했던 친정 부모들도 왜 거기에서 꼭 살아야 하느냐며 산등성이 아닌 평지로 이사하라고 권했을 테지만 정작 당사자들은 쉽사리 옮길 생각은 못할 것이다. 산다는 게 그렇게 간단한 일이 아니기 때문이다.

캘리포니아만이 아니다. 해마다 물난리를 겪는 플로리다나 미시시피, 루이지애나에 사는 사람들도 토네이도를 피하는 그 피난행렬이 지겨워 다시는 그곳에 돌아가고 싶지 않을 텐데도 물이 빠지고 나면 거의 떠날 때와 같은 행렬로 제자리에 돌아와 물에 젖은 살림도구를 말리며 고된 삶을 이어 간다.

남들은 '왜 거기에 살고 있느냐?'고 묻는다. 삶의 터전이 거기 있다는 이유가 큰 것이 사실이기는 하다. 그러나 꼭 경제적인 것 때문에 다른 지역으로 옮기지 못하는 것은 아니다. 오히려 산불이 자주 나는 지역은 경제적으로는 넉넉한 사람들이 많이 살고 있어 마음만 먹으며 얼마든지 평지로 내려 올수가 있는 것을 안다.

그런데 왜 못 옮기는 것일까? 거기에 삶의 냄새가 배어 있고 역사가 있기 때문이다. 남루한 옷도 사람들이 무심히 버리지 못하는 것은 거기에 묻어 있는 땀과 추억을 버리지 못하는 것과 마찬가지다. 사람들은 쉽사리 거처를 옮기지 못하고 머뭇거린다. 화분에서 화분으로, 또는 앞마당에서 뒷마당으로 모종한 꽃도 자리 잡자면 시간이 오래 걸리는데 항차 사람에게서야…

그럼에도 불구하고 태평양을 건너 과감하게 터전을 옮겨와 사는 사람들이 있다. 우리 한인 이민자들이다. 그들이야말로 대단한 용기와 의지를 갖고 있는 사람들이다. 이번 산불에 피해가 좀 있었다 하더라도 그들은 다시 또 씩씩하게 살아 갈 것이다.

'흔들리지 않고 피는 꽃이 어디 있으랴
이 세상 그 어떤 아름다운 꽃들도
다 흔들리면서 피었나니
흔들리면서 줄기를 곧게 세웠나니
흔들리지 않고 가는 사랑이 어디 있으랴'

도종환 시인의 '흔들리며 피는 꽃'이 오늘 우리에게 위로를 주는 계절이다.

세월은 가도 남아 있는 것

세모에 뉴저지에 와서 머무르고 있는 중이다. 여기 사는 딸이 결혼 9년 만에 애기를 낳아 귀한 생명을 축하해주며 추수감사절을 함께 보내기 위해서였다. 다리 건너편에 있는 뉴욕은 언제 봐도 바쁜 사람들로 가득하다. 칼바람은 빌딩 사이를 누비고 사람들은 어디를 가는지 모두가 총총걸음이다.

나도 그렇게 지내 왔다. 걸음은 바쁘지 않았지만 마음은 언제나 바빴고 하루하루 허망하게 살았으나 스쳐가는 세월은 빛의 속도를 내고 있었다. 그런 것이 아쉬워 11월 한 달 만이라도 조금 더 머뭇거려 주기를 바랬다. 시인 오정방은 그래서 '나는 11월이 좋다/11월이 더 좋은 까닭은 아직도 한 해를 넘기기에는/한 달이 더 남아있기 때문이다'라고 노래했다.

새로 태어난 생명이 있는가 하면 이해도 많은 이들이 세상을 떠났다. 가깝게 정을 나누며 살던 선배들의 장례식에 여러 차례 다녀왔는데 언젠가는 나도 가야 할 길이지만 당장은 이별이 서러워 '가는 님은 밉상'이라며 얼마나 가슴을 뜯었는지 모른다. 장례식에서 있었던 목사님, 신부님들의 말씀을 얼마나 귀담아 들었는지, 살아 있다는 것이 정말로 큰 축복인가를 깨달기는 했는지 자문해 본다.

40년 넘게 루게릭병에 짓눌려 살면서도 전 세계를 여행하며 강의를 하던 스티븐 호킹 박사는 '나에게 최대의 사건은 아직도 내가 살아 있다는 것'이라고 말했다. 사람이 살아가며 기쁠 때도 있지만 눈물로 지새우는 날도 있고 성공하는 날도 있지만 실패하는 날도 있는 — 그러나 호킹 박사는 이 모든 경험이 바로 생명을 가진 자에게만 주어진 특권이라고 했다.

갓 태어난 생명에게서 받는 환희는 특별하다. 천하보다 귀하다는 어린 생명을 쳐다보노라면 감동이 넘친다. 새벽에 잠이 깬 아이를 등에 업었을 때 느껴진 체온이 눈물겹도록 정겹다. 쿵쿵 소리가 전해진다. 생명은 인연이다. 어디 혈연만이랴 — 우리는 지금 이 시각, 미국의 동부와 서부, 미국과 한국에서 시간 차이는 있을지언정 동일한 일로 울고 웃는다. 오늘을 같이 사는 수많은 생명의 인연들, 생명의 끈으로 이어진 우리들의 신묘막측한 모습이다.

요즘 온라인에서 많이 거론되는 우분투(Ubuntu)라는 말이 있다. 우분투는 남아프리카 공화국의 건국이념으로 '다른 사람을 위한 인간애' 또는 '당신이 있어 제가 있습니다'라는 뜻으로 어쩌면 우리의 홍익인간(弘益人間)의 정신과 같은 내용이다. 상대방이 있음에 공경과 사랑을 보내고 그로 인해 나 자신을 확인하는 우분투 정신이나 인간의 생명과 삶을 존중하고 하늘의 은혜를 온 백성이 고르게 누리게 하자는 홍익인간은 다같이 인본정신의 표현이다. 우리는 본시 그런 민족이었다.

세월호 사건 이후 한국에서는 서울을 떠나는 사람들이 많았다고 한다. 더러는 제주도 같은 섬으로 옮겨가거나 형편이 좋으면 아예 한국을 떠나는 사람들도 많았다고 들었다. 지나친 경쟁과 속도가 삶의 가치가 돼버린 도시 생활에 대한 염증 때문일 것이다. 미국도 마찬가지다. 뉴욕과 시카고에서는 진즉부터 그랬고 내가 사는 로스앤젤레스에서도 요즘 탈도시(脫都市)현상은 대세를 이룬다.

맨해튼에서 인종차별에 분노하는 일단의 시위대와 마주친다. 세계의 부(富)가 집결된 거리에서 듣는 100년 전, 200년 전과 똑같은 함성 — 문명의 발전은 정신을 못 차리게 빠르면서 인류가 해결해야 할 생명, 종교, 평화, 빈부의 갈등은 세월이 가도 늘 그 자리에 머문다. 인정 없는 거리에서 그래도 53년 전에 헤어졌던 고등학교 동창들과의 해후가 세모의 차가운 바람을 막아준다.

하산(下山)의 법칙

세월을 등산에 비유하자면 섣달 중순은 정상을 오른 다음 한참 내리막길에 들어선 시기다. 내리막길에 들어서면 사람들은 긴장이 풀리고 방심하기가 쉬워진다. 등산 사고나 조난의 60%는 올라갈 때가 아니라 내려갈 때라는 통계는 이 경우에도 적용될 수 있을 것이다.

등산하는 사람들의 이야기로는 산을 오르기는 힘들고, 산을 내려가기는 어렵다고 한다. 오를 때는 힘만 뒷받침되면 그만이지만 내리막길에서는 힘만으로 되지 않는다는 사실을 가까운 곳에서 하이킹을 할 때도 체험한다. 그래서 등산의 고수들은 올라가는 연습보다는 내려가는 연습을 더 중시한다.

유도를 배우는 사람들이 초보시절에는 쓰러지는 연습, 즉 낙법(落法)만을 배운다고 들었다. 쓰러지는 연습을 통해 다치지 않는 기술을 습득한다는 뜻일 테다. 부동산이나 주식 투자의 귀재들은 상승장이 아니라 남들이 다 넘어지고 마는 하락장에서 실력발휘를 한다는 이치와 일맥상통한다.

내려갈 때는 한없이 낮아져야 한다. 정상에 도달했을 때의 희열(喜悅)을 떨쳐버리지 않고는 내리막길이 결코 순탄해지지 않는다. 항룡유회(亢龍有悔)라는 말이 있다. 용이 하늘에 오른 것처럼 뜻을 이룬 자는 더욱 행실을 조심하고 경솔함을 삼가야지, 그렇지 않으면 후회한다는 뜻이다.

내려갈 때는 확실하게 내려가야 한다. 내려가는 것도 아니고 올라가는 것도 아닌 엉거주춤한 자세는 화를 자초한다. 체면과 자존심, 두려움과 회한마저도 다 내려놓고 오직 겸손한 마음으로 내려가기에 열중해야 한다.

촛불혁명으로 탄생한 한국의 문재인 대통령의 임기도 끝나간다. 한반도 평화를 크게 진척시켰던 일이나, 각종 적폐청산과 코로나 방역 대책, 기후변화 대응 등에서 국제적 위상을 높인 괄목할 성과가 있었음에도 불구하고 임기 마지막 해에 부동산 정책과 인사문제, 소통능력의 실패로 지지율이 크게 떨어져 버렸다.

임기 말이 되면 그동안 가까이에서 우군 역할을 해오던 측근이나 지원군들도 하나둘 등을 돌리기도 하고 봇짐을 싸기도 하기 마련인데 노무현 정부에서 홍보수석을 맡았던 조기숙 교수는 '무능보다 더 화나게 하는 것은 내로남불'이라며 공정의 가치를 앞세웠던 문재인 정부의 위선과 오만을 호되게 나무란다.

김동길 교수라고 하면 이명박 대통령에게는 가장 큰 우군의 한사람이었다. 그런데 이분이 이명박 대통령 퇴임 직전 자기 홈페이지에 올린 글에서 '무슨 일이 터졌다고 하면 이명박 대통령은 맨 먼저 일본이나 미국으로 도망갈 사람'이라고 비웃었던 기억이 난다.

빈스 폴린이 쓴 '임기종료(Term Limits)'라는 소설책이 있다. 대통령의 임기종료 1년을 앞둔 미국 정가에서 부패한 정치인을 응징하며 벌어지는 이야기로서 비록 허구의 소설이긴 하지만 주류사회나 커뮤니티에서 임기종료를 앞두고 있는 모든 선출직의 사람들은 한번 읽어 볼 만한 책이다.

장수(長壽)의 시대에서도 나이가 어느 고비를 넘기면 하산 길에 들어선 것임을 알아야 하고, 좋던 싫던 '임기종료'를 받아들여야 한다. 한번 쥔 기득권을 목숨 다하는 날까지 놓지 않으려다 실족하지 말고 품위 있게 내려가야 하는 것이다. 하산의 법칙은 노년의 인생에 더욱 절실하게 요구된다.

고정관념이 문제다

나는 워싱턴 DC가 뉴욕의 북쪽에 있는 것으로 생각해 왔다. 과거에만 그렇게 생각한 것이 아니라 미국생활 40년을 바라보면서 지금도 뉴욕은 워싱턴 DC에서도 썩 남쪽에 자리 잡고 있다고 생각하고 있다. 그렇게 생각한 이유는 동부를 처음 방문하기 오래전 언젠가 뉴욕은 멀쩡한데 워싱턴 DC가 폭설에 덮인 걸 보고 그랬지만 마음속 더 깊숙한 데에는 수도인 워싱턴 DC는 모든 다른 도시보다 당연히 위쪽에 있어야 한다는 나의 고정관념이 자리 잡고 있기 때문이었다.

지존한 임금님이 계시는 한양은 원래 함경도나 강원도나 어디에서든지 올라간다고 했다. 그런 봉건적인 생각은 오랫동안 바뀌지 않으면서 피란길에 황간에 머무르며 상경이 늦어질 때 내게 있어 서울은 꽤나 멀리 그리고 높은 데 있는 것으로 되어 있었다. 고정관념이란 그렇게 무서운 것이다.

뉴저지에 있는 딸네 집을 방문한 김에 뉴욕에서 워싱턴 DC까지 기차여행을 하기로 한 것은 늦가을 동부지방의 풍광도 즐기고 싶어서였지만 '백문이 불여일견'이라고 DC가 뉴욕의 북쪽에 있는지 남쪽에 있는지 내 눈으로 확인해 보고 싶은 치기어린 마음도 발동해서였다. 올해는 어쩌려고 그러는지 서부지역의 온난화 못지않게 이곳도 봄철 같은 날씨가 계속되고 있었다.

버지니아의 셰넌도어 국립공원에 올라가 봤다. 다양하고 풍성한 수종을 자랑하는 이 산중에 참나무와 밤나무가 오래전에 자취를 감췄다고 하며 만약 지금과 같은 온난화 현상이 계속 이어진다면 50년 안에 애팔래치아 산맥의 숲은 대초원으로 바뀌게 될 것이라는 우려가 나오고 있었다.

이번 여행은 빌 브라이슨이 종주한 2,100마일의 애팔래치안 트레일에 비해서는 10분의 1밖에 안 되는 거리이고 그나마 기차로 달린 것이었지만 내게는 2년 전 대륙 횡단에 이어 동부 종단도 일부나마 했다는 데 의미가 있었다. 그리고 고정된 시각을 고쳐보려는 나의 시도이기도 했다.

지금 사회 도처에서는 못 고치는 고정관념으로 인해 오해와 갈등과 혼란이 상당한 것으로 나타나고 있다. 사는 지역에 대한 고정관념도 버려야 한다. 한때 생활비가 많이 든다고 해서 시애틀이나 시카고 등 북부지방을 기피하던 한인들도 지구의 온난화로 이제는 곧 더운 지방을 떠나는 징조가 보일 것이라고 한다.

지진에 대한 두려움으로 서부는 사람 살 데가 못된다고 말하는 이들도 있지만 중남부는 물난리와 토네이도를 연례행사로 치르면서도 여전히 사람들이 살고 있다. 복지사회 구축으로 지상낙원 같던 유럽이 난민 문제에 이어 이번에는 대량 테러의 대상국이 될 줄은 누구도 몰랐다.

북한 정권이 곧 붕괴될 것이라든지 북한으로부터 탈북자가 엄청난 숫자로 늘어날 것이라고 생각했던 것도 고정관념에 지나지 않는다는 게 드러났다. 장마당 설치 등으로 미미한 수준이나마 서민생활을 안정시켜 나가자 탈북자 숫자가 현저하게 감소하고 있다는 것이 최근의 통계다.

절대 권력의 향유도 부족해 공공연하게 권력 연장까지 꿈꾸는 이들을 보면서 사람들은 권력에 대한 단맛만 기억하지 왜 그 실패의 역사를 잊고 있는지 안타까워한다. 국민이 반대를 하든 말든, 광화문 거리를 메우는 시민들의 궐기가 있든 말든 철통같은 지지 세력이 있는데 무슨 걱정이냐는 식이다. 그러나 권력이 영원할 줄로 생각하는 것이야말로 병적인 고정관념이다.

포도주는 오래된 것일수록 값이 비싸 한 병에 몇만 달러가 넘는 것도 있다는 말을 들었다. 포도주의 생명은 숙성에 있기 때문이다. 그런데 포도주에 대한 그런 고정관념을 깬 것이 보졸레누보다. 보졸레누보는 그 해 새로운 포도주로 만들어 해마다 일정한 날인 11월 셋째 목요일에 전 세계에 동시에 출시하는 전략으로 성공하고 있다고 한다. 힘이야 들지만 고정관념을 깨고 나와야 사는 세상이다.

변절과 배신의 계절

선현의 글은 세월이 가도 빛이 난다. 대학에 막 들어갔을 때 늘 긴 머리에 굵은 테 안경과 검정 두루마기를 입고 다니시던 조지훈 선생에 매료된 적이 있었다. '차운 산 바위 우에 하늘은 멀어 산새가 구슬피 울음 운다.' '완화삼' 말고도 '승무', '파초우'는 선생의 외모만큼이나 멋이 있는 우리들의 애송시였다.

그러나 시인 조지훈 선생을 이야기할 때는 멋과 함께 지조를 빼놓지 않는다. 1950년대 자유당 말기의 극도로 부패한 현실 속에서 친일파들이 과거에 대한 뉘우침 없이 정치 일선에서 행세를 하는가 하면 헌신짝처럼 지조를 버리고 권력과 부를 좇아 변절을 일삼던 당시의 세태를 비판한 글이 '지조론'이었다.

이 글이 60년이 지난 오늘도 사람들에게 깨우침을 주는 것은 선생의 통찰이 깊었던 때문도 있지만 한국의 정치가 그만큼 제자리걸음을 하고 있었다는 증거도 된다. 조지훈 선생은 '지조란 순일(純一)한 정신을 지키기 위한 불타는 신념이요 눈물 나는 정성이며 냉철한 확집(確執)'이라고 말한다.

불타는 신념이고 눈물 나는 정성이며 냉철한 확집이라니… 지조 지킨다는 게 매우 값진 일이기는 하지만 그러나 또 얼마나 고통스럽고 얼마나 가혹한 일인가를 알게 된다. 역사 속에서도 선비나 지도자들이 지조를 지키기 위해 목숨을 바쳐 항거하고 곤욕을 겪은 기록들을 얼마든지 보게 된다.

조지훈 선생은 그 글에서 변절이란 사람이 절개를 바꾸는 것, 이미 신념(信念)하고 표방했던 자리에서 방향을 바꾸는 것이라고 했다. 그런데 바꾸더라도 개과천선하는 것은 변절이 아니며 비난의 대상이 되는 변절자는 독립운동하다가 친일파가 된다거나 야당에서 이탈하여 권력에 몸을 파는 것이라고 했다.

최근 한국의 대선 정국에서 권력에 몸을 파는 인물들이 속속 등장한다. 과거 민주당 인사들이었던 사람들이 변절자의 명단에 이름을 올리기도 했다. 변절자들의 공통점은 저마다 그럴듯한 구실을 붙이며 변명을 많이 한다는 점이다. 그러나 국민들은 그들이 왜 그랬는지 다 안다.

민주화 운동을 하며 함께 고초를 겪었던 그들의 동지들은 '여보게 우리가 훗날 무슨 낯으로 DJ를 뵙겠는가' 하며 호소했지만 이미 얼굴에 분칠을 하고 나선 그들을 붙잡지는 못한다. '차돌에 바람이 들면 백리를 날아간다'는 말이 있다. 한번 권력의 맛을 본 사람들에게 정조(貞操)는 그리 중요한 가치가 아니다.

정치인들의 추태는 그렇다 치더라도 소위 지식인들이 터

전을 바꿔가며 친정에 대한 공격수 역할에 나서는 볼썽사나운 모습도 보이는데 여러해 전 시인 김지하 씨의 훼절은 연민의 정을 갖게 한다. 한때 저항시인이었던 김지하 씨가 한때는 생명과 평화운동에 몰두하고 있었다. 그가 6년 전 LA를 방문해서는 '지구촌의 모든 사람들이 신명나게 살아가는 삶의 문법은 무엇인가' 하는 특유의 해학적인 담론으로 큰 박수를 받은 적이 있었다.

그런데 그 사람도 떠났다. 그냥 간 것이 아니라 한 신문에 장문의 기고를 하며 느닷없이 자기와 길이 다른 한 원로 문학인을 향해 '내가 당신을 깡통 빨갱이라고 매도하지 않는 것만도 다행으로 알라'며 욕설을 퍼 댄다. 그 자신도 빨갱이로 몰려 고통을 받았는데… 이제는 가누지 못할 만큼 일그러져 버린 그의 얼굴이 떠오른다.

변절과 배신의 계절 앞에서, 젊은 시절에는 누구보다 올곧게 살다가 늙고 기운 없어진 뒤 유혹에 넘어간 언론계 선배들과 교수들의 이름도 생각난다.

어떻게 살아야 하나… '아직 지조를 깨뜨린 적이 없는 이는 만년(晩年)을 더욱 힘쓸 것이니 사람이란 늙으면 더러워지기 마련이라.' 조지훈 선생의 경고가 가슴을 때린다.

한여름 밤의 미국문화 체험

더위 없이 여름이 지나나 했더니 웬걸 한 주간 내내 뙤약볕이 보통이 아니다. 그러나 아직도 열대야에 시달리고 있다는 수유리 누님 댁이나 서울 못지않게 무덥고 습도 높은 여름을 보내고 있을 뉴욕의 딸네를 생각하면 남가주의 여름나기는 아무 것도 아니다.

그래도 여기 날씨로는 최근 들어 가장 더웠던 지난 목요일 밤에 어쩌다 그 더위를 잊는 좋은 시간을 가질 수가 있었다. 서울에는 요즘 무슨 체험, 무슨 체험하며 체험이란 말을 많이 쓰고 있는데 그 유행어를 따르자면 "미국문화 체험"이었다.

오인동 박사의 배려로 가까운 네 명의 동료가 헐리웃 볼 음악회로 나들이를 한 것이다. 저녁 7시가 될 무렵, 예약된 무대 앞 가장 좋은 자리에 도착해 준비해간 음식과 와인을 나누는 사이 산 속의 공기는 어느새 서늘해지고 여기저기서 두꺼운 윗옷을 꺼내 입는 모습들이 보이기 시작한다.

저녁 8시 정각, LA 필하모니가 개막을 알리는 국가를 연주하기 시작했을 때 1만 8천석이라는 객석은 거의 다 채워졌고 숨을 죽인 그 많은 눈과 귀는 오로지 무대로만 향하고 있었다. 새삼스레 미국 문화의 경이로운 한 단면을 체험하고 있는 시간이었다. 드보르자크의 '카니발 오버츄어'와 브람스의 '심포니 No. 1', 그리고 멘델스존의 '바이올린 콘체르토'가 이어졌는데 바이올린 콘체르토를 협연한 바이올리니스트 어거스틴 하델릭이 인상적이었다.

어거스틴 하델릭은 독일계 이태리인인 26세의 젊은이로 어렸을 때 농장에서 입은 화상으로 손가락의 신경이 파괴되는 바람에 바이올린 연주가 더 이상 불가능하다고 판정받았으나 하나님의 도움으로 회복되었다고 믿으면서 지금 세계적인 바이올리니스트의 반열에 오른 감동적인 연주자였다.

음악을 듣는 두 시간 동안 더위도 잊었을 뿐 아니라 이명박 대통령의 8.15 경축사 이후 오히려 더욱 꼬여만 가는 남북문제에 대한 시름과, 회복될 기미가 보이지 않는 타운 경기에 대한 걱정도 잠시 내려놓고 마음은 한여름 밤의 새로운 세계로 떠나가고 있었다.

미국인들이라고 다 걱정이 없으란 법은 없겠지만 그들은 우리 '사철가'에 나오는 가사처럼 '바쁠 때 일하고 한가할 때 틈타서' 휴식과 재충전을 여유 있고 지혜롭게 해 나가는 사람들로 보였다.

때마침 한국의 어느 학회에서는 '한국인의 행복지수'라는 것을 조사해 발표했는데 그 발표에 따르면 한국인은 하루 중 가장 많이 행복을 느끼는 것은 '말할 때'와 '먹을 때'이며 연령별로는 40대 남자가 가장 불행한 반면 40대 여자는 가장 행복하다고 하면서 행복 지수를 높힐 수 있는 요건으로 체면문화로부터의 탈출과 긍정적 정서표현을 내세웠다.

같은 한국인인 이민자들의 행복 지수는 어떠할까? 정도의 차이는 있을지언정 이민자들은 대체로 만족스런 행복지수는 못 누리고 사는 경우가 많을 것이다. 그러면서 분명한 것은 본국인들보다는 미래와 꿈에 대한 기대치가 더 높다는 점이다.

미래에 대한 기대치가 높을수록 조바심하거나 서두르지 말고 더구나 포기해서는 안 된다. 고향을 떠나올 때 어차피 당대에 모든 것을 이루려고 했던 것이 아닐 바에야 오늘 우리가 거둔 성적표에 위축되지 말고 긍정적인 정서를 가지고 뚜벅뚜벅 걸어가기로 하자. 돌아오는 노동절 연휴에는 가족들과 함께 어디 여행이라도 다녀올 계획을 세워보는 것도 좋은 일이다.

산에서 물을 배운다

흔히들 남가주에서 자라는 나무들은 '죽지 못해 살고' 시애틀이나 동부지방의 나무는 '살기 위해 산다'라는 말을 한다. 강우량이 충분한 다른 지역과 달리 남가주는 여름에 비 한 방울 오지 않는 준 사막지대라 여기서 뿌리를 내린 식물들을 보면 너무나 측은한 마음이 들어 그런 표현을 쓰는 것일 것이다.

뒤늦게 찾아온 더위로 90도를 오르내리는 날씨지만 약속한 산행 일정을 거르지 않고 오늘도 'Santa Anita 계곡'을 찾아 갔다. 산악회 일행들과 만나 준비운동으로 몸을 푼 다음 지난 번 다녀온 6.2마일의 trail에 들어선다. 마른 먼지가 이는 뙤약볕의 오솔길을 지나면 그늘지고 시원한 산길이 이어진다.

신기한 일은 산의 아래쪽에 있는 나무들은 그야말로 '죽지 못해 사는' 나무들처럼 바짝 마르고 왜소했었는데 3,000ft에 이르는 고산으로 올라가면서는 하늘을 찌를 듯 곧게 뻗어 올라간 침엽수들이 계곡을 덮고 있었다. 그 위풍당당이라니… 그들은 분명 '살기 위해 사는' 이를테면 '목적이 있는 삶'처럼 거룩하게 보였다.

산을 산이 되게 만들어 주고 등산객들에게 시원한 그늘과 맑은 공기를 만들어 주는 울창한 수풀이 너무 고맙다. 그런데 더욱 고마운 일은 거의 사막같이 메마른 지역의 산줄기에 왠 개울물은 계속 흘러내려 오는지 — 오솔길과 개울물이 마치 숨바꼭질하듯 만났다 헤어지고 헤어졌다 만나기를 반복하는 사이 산중턱에 이른다.

산이 숲과 물을 품고 있으면 더없이 아름다운 자연이다. 나무가 자라자면 물이 있어야 하고 물이 있으면 숲이 울창하기 마련이다. 그런데 이 건조한 산자락에 개울물이 끊이지 않고 있는 것이다. 그리고 그 깊은 산중인데도 계곡의 중간 중간에는 보를 만들어 놓아 가뭄과 홍수를 예방하려는 미국다움이 눈에 띈다.

요즘 전해오는 한국 날씨를 보면 하루가 폭염이면 하루는 폭풍, 하루는 집중 폭우, 그러다가는 심한 태풍 등으로, 매일같이 이상기후의 연속이다. 한국만이 아니라 지구 곳곳에서 인간이 너무 편하게 살려고 각종 이산화탄소를 뿜어낸 결과 극지의 빙하가 녹아내리고 오존층이 뚫리면서 발생한 예견된 이변이다.

Santa Anita 계곡에서도 물은 높은 곳에서 낮은 곳으로 내려가고 있었다. 물은 낮은 곳을 찾아 이리 돌고 저리 비켜가며 추월하지도 않고 산을 뛰어 넘지도 않는다. 그렇게 가다가 주변에 있는 나무들의 갈증을 채워주고, 자신의 몸을 더럽혀 남을 깨끗하게도 해주고, 그리고 나서도 여력이 있으면 바다에 이를 것이다.

성경의 에스겔 47장 9절에서부터 12절까지는 물이 주는 은총을 자세하게 설명하고 있다. — 강 좌우에는 각종 먹을 실과나무가 자라고 그 잎이 시들지 아니하며 실과가 끊치지 아니하고… 크리스천은 강물과 같아야 한다. 내가 살아 있는 그 자체로 이웃에 복이 되고 내 교회가 존재하는 이유만으로 커뮤니티에 이익이 되어야 한다.

그런 자연스런 이치를 두고 사람들은 '물처럼 흘러 간다'고 했다. 노자(老子)는 상선약수(上善若水), 최고의 선은 물과 같다고 했다. 모든 것을 이롭게 하나 다투지 않고 항상 낮은 데로 임하는 물의 덕(德)을 가르치는 말이다. 노자는 진실로 잘 싸우는 사람은 화내지 않으며 훌륭한 인물은 사납지 않다고 했다.

미국에 새 대통령이 들어선 것에 이어 한국에서는 내년에 대통령 선거가 있게 된다. 대통령은 아무나 하는 게 아니다. 누가 과연 물의 덕성을 지니고 있으며 누가 과연 사심 없이 백성을 구할 지도자인지 눈여겨 볼일이다. 물이 어디로 흘러가는지를 산은 알고 있듯이 백성들이 산처럼 우뚝 서서 그들을 지켜봐야 한다. 요산요수(樂山樂水)의 마음이면 세상을 여유롭게 볼 수 있을 것이다.

국악을 배우는 재미

'문경 새재는 웬 고갠가 구부야 구부구가 눈물이 난다
아리 아리랑 쓰리 쓰리랑 아라리가 났네
아리랑 음음음 아라리가 났네'

미국에서도 오랫동안 상영된 영화 '서편제'에서 소리꾼 김명곤과 오정해가 부르던 '진도 아리랑'은 20년이 돼 가는 지금도 진한 기억으로 남는다.

그 이후로 언제부터인지는 모르겠으나 머릿속에 나도 소리(唱)를 배워 봤으면 하는 생각을 하고 있었는데 기회도 오지 않았을뿐더러 또 음악에는 워낙 둔자(鈍者)라 감히 엄두가 나지 않았었는데 올 정초에 가깝게 지내는 정찬열 시인이 '형님 국악 한번 배워보시지 않겠습니까?' 하는 이야기에 귀가 번쩍 띄였다.

이렇게 해서 뜻이 맞는 일곱 사람이 1주일에 한 번씩 만나 국악 공부를 시작한지 한 달이 되었다. 다행스럽게도 한국의 부부 국악인으로 한 시대를 풍미했던 해금산조의 지영희 선생과 가야금 산조와 병창의 무형문화재 성금연 선생을 부모로 모신 역시 가야금 산조 전수자 지윤자 선생을 만나게 되었다.

생각하지 못했던 일은 '장구를 쳐야 춤을 춘다'더니 소리에 앞서 장구 치기를 먼저 배우는 일이었다. 생전 듣도 보도 못한 세마치니, 중모리, 굿거리, 잦은 타령, 잦은 모리, 휘모리니 하는 장단 이름을 구분해가며 '덩덩 따궁 따, 덩 덩 따 궁 따, 따 궁 궁 따 궁' 장고를 배워 간다.

쉴 새 없이 엇박자가 튀어 나와 동료들 앞에 무안(無顔)한 일이 한두번이 아니지만 그러나 국악을 배우는 그 시간은 너무 즐겁다. 고향을 떠나온 이민자들에게서야 더욱 그렇지만 한국인치고 신명나는 국악 연주나 사물놀이, 농악대 연주를 보며 흥이 나지 않는 사람은 없을 것이다.

대학 다닐 때 운현궁 내에 있던 국립국악원 강습소에 들러 잠시 단소의 재미에 흠뻑 빠진 적이 있었다. 그러나 이민 오면서 그 단소가 어느 짐짝에 들어갔는지 찾지를 못해 그만 잊고 있었다.

그런데 어느 해 여름인가, 백야의 도시 상뜨페테르 부르크 해변의 새벽 1시, 함께 세미나에 참석했던 돌아가신 한양대학의 리영희 교수, 성공회대학의 김동춘 교수들과 바닷가에 둘러 앉아 환담을 나누고 있었는데 그 자리에서 mbc의 정상모 후배가 서울에서부터 그 긴 대금을 들고 와 훌륭한 연주 솜씨를 들려주는 모습에 대견하기도 하고 부끄럽기도 하였다.

단조로우나 은은한 멋과 감칠 나는 맛이 들어 있는 국악에는 우리들 조상의 인생관이 고스란히 묻어 있기도 하다.

더구나 남도민요를 듣다 보면 서민들이 아픔과 고통을 참으면서 이를 어떻게 흥과 해학과 신명으로 승화시키고 있는지가 눈에 선하게 보인다.

그리고 거기에는 어떻게 한(恨)을 극복해 가고 있는지도 엿보인다. 우리의 선조들은 때로는 가난을 극복하기 위해, 때로는 사랑을 얻기 위해, 또 때로는 부모에 효도하기 위해 살아가면서 너무나 큰 한을 가슴에 묻고 살았다. 그래서 세상의 권위와 박해에 끊임없이 도전하며 마침내 한을 풀어 가지만 한을 풀망정 결코 보복은 하지 않았다. 춘향전과 심청전과 흥부전이 그랬다.

힘들고 어려운 이민생활에서도 끊임없이 도전과 좌절이 되풀이되고 있다. 우리 민족의 고유 음악을 통해 조상들의 멋을 즐길 뿐 아니라 어려움을 이겨내는 선조들의 지혜를 배우고 또 우리의 것을 이 땅에도 전수할 수 있다면 국악을 배우는 일은 참으로 권장할 만한 일이라는 생각이 든다.

부끄러운 복직
-먼저 떠난 고 장일영 형 영전에-

장형! 며칠 전에 조선일보 75년 해직자를 위한 궐기대회에 다녀 온 적이 있습니다. 상주(喪主)는 제 설움에 더 슬피 운다고 했습니까? 땡볕에 앉아 구호를 외치면서 '해직(解職)'이란 것, '생존권을 빼앗긴다는 것'이 얼마나 끔찍하고 엄청난 일인가에 새삼 치를 떨었습니다.

장형! 우리가 문화방송을 떠나던 날도 지금처럼 뜨거운 계절이었습니다. 그런데 지금도 기억에 분명한 것은 직장을 빼앗기던 날, 우리는 마치 그런 배역을 맡은 배우들처럼, 피곤한 긴 여행 끝에 정거장에 내린 여행객처럼 질서 있고 온화하게 무대에서 내려오고 있었다는 사실입니다.

장형! 한 1년동안 우리는 극동빌딩 뒤의 어느 사무실에서 매일 만나, 많은 이야기와 술을 나누었습니다. 그러다가 미국에 가게 될 수 있었던 것은 얼마나 감사한 일이었는지 모릅니다.

로스엔젤레스에서 조금은 동남쪽인 라 미라다 시에 장형은 자리 잡고, 저는 남쪽의 로미타 시에 아파트를 얻어 '등이 시린 사람들 끼리 등을 부비며 살아가라'고 일러 주신 서규석 선배의 말을 떠 올리며 우리는 열심히 살아갈 궁리를 했습니다.

그즈음 사방을 둘러봐도 믿을 데라고는 없는 황량한 미국 땅에서 우리가 교회를 나가고 하느님을 찾게 된 것은 참으로 큰 축복이었다고 생각됩니다. 그러나 장형! 가족을 다 데려다 놓고 그 어려운 직장도 얻었을 때 장형의 건강은 눈에 띄게 나빠져 가고 있었습니다.

누구보다도 열정적이었던 장형의 마음속에 그해 5월, 장형의 고향－광주에서 벌어졌던 참상과, 7월에 우리가 서울에서 겪은 사건은 하루도 지워질 수 없는 아픔으로 남아 있었고, 그 고통이 하나 둘씩 세포를 잠식하고 있었던 게 분명합니다.

1년을 못 넘기고 장형은 세상을 떠납니다. 아주머니와 4남매를 '해직자의 아내' '해직자의 자식'으로 남의 땅에 데려다 놓고 어쩌자고 장형은 혼자 떠나고 맙니까? 그 한(恨)과 그 분노를 어디에다 새기겠습니까? 장형의 몫을 대신이나 하듯 산 자는 이를 깨물고 눈을 부릅뜨며 살아갔습니다.

그러다가 9년 만에 복직(復職)이라는 전갈을 받았습니다. 그때 우리는 죽은 줄 알았던 남편이 여러 해 뒤에 살아 돌아 왔을 때, 그 부인의 가슴에 와 닿는 그런 분노와 회한 같은 걸 느꼈습니다. 같이 와 있던 6명의 동료들이 장형은 왜 같이 갈 수 없느냐고 가슴을 뜯었습니다.

지난 2월 하순, 우리는 그렇게도 그리웠던 서울 땅에 돌아왔습니다. 그리고 이 땅에 남아 더 큰 수모와 더 큰 좌절을 보며 살아온 36명의 동료와 함께 갖은 우여 곡절을 겪으며 복직을 했습니다. 너무나 많은 것… 목숨과 젊음과 재산을 잃고 9년 만에 그 회사에 발을 딛습니다.

그러나 장형! 우리는 지금 너무나 큰 부끄러움을 느끼고 있습니다. 이 엄청난 사건을 처리함에 있어 우리는 저 광주의 민초(民草)들처럼 진실의 규명을 앞세우지 않은 채 가해자와 그 협조자들의 처벌을 주장하지 않고 선뜻 복직이라는 절차를 밟고만 것을 한없이 부끄러워하고 있습니다.

누가 말했습니까? 심청이의 한은 심 봉사가 눈을 뜰 때 비로소 풀어지는 것이라고, 그래서 우리는 멈추지 않을 것입니다. 참으로 이 땅에 민주화가 꽃피고, 정의가 승리하는 그 날을 위해 우리는 남은 힘을 바칠 것입니다.

그리고 우리가 참된 원상회복을 주장하며 나선 이 길이, 새로운 고통과 대결의 길이 아니라 참으로 용서와 화해의 시작일 수 있게 해달라고 기도를 할 것입니다. 장형! 죄송합니다. 그러나 두 번째 성남공원으로 찾아뵐 때는 이렇게 부끄러운 모습이 아니기를 바랍니다. 그때까지 편히 계십시오.

1989년 7월 10일

에필로그

"우리는 왜 미국에 살고 있나"
-미주중앙일보 기획시리즈 표지사진(1989년 2월 22일 CBS 사옥 앞에서)-

기관지 천식 앓던 소년

나는 기관지천식으로 병치레가 심했다. 그 때문에 어려서부터 부모님과 헤어져 공기 좋은 시골생활을 전전했다. 태평양 전쟁 막바지에는 전라북도 무주의 이모할머니 댁에 떨어져 살았다. 거기서 큰 형들이 징용에 끌려가는 고개마루턱을 따라 가며 마구 울던 기억이 나고 버스 지나가는 소리가 나면 엄마가 오시나 싶어 문지방에 발을 딛고 올라갔다가 울면서 주저앉던 일들이 생각난다.

아버지 김길봉 씨의 고향은 함경북도 성진군 학동면, 1931년 할아버지와 함께 3형제가 남쪽으로 내려오셨다. 동갑이신 어머니 김봉선씨는 충청북도 영동군 황간면, '남녀북남'이 1935년 서울에서 만나셨다. 나는 1941년 9월 23일 서울 종로구 충신동 5의 52호에서 태어났고 위로는 형님 한 분(우현)과 누님(순현)이 계시고 밑으로는 남동생 셋(철현, 석현, 승현)이 있었다. 해방이 되어 무주를 떠나 서울로 올라온 뒤로도 기관지 천식은 계속 되었다.

한번 천식이 발작되면 숨이 차, 들어 눕지도 못하고, 앉아 있지도 못하는 증상이 며칠씩 계속됐다. 병원에 가서 주사를 맞거나 종근당 제약의 에페드린이란 약을 늘 주머니에 달고 다녔다. 무주에서 올라와 큰아버지 댁이 있는 충청남도 아산군 배방면에 내려가 있었다. 거기서 올라와서는 가족들이 살던 종로구 권농동에 잠시 머물다 한강변 흑석동에 적산가옥을 마련해 어머니하고 따로 나가 살았는데 흑석동에서 한강인도교를 지나 돈화문 앞 까지 오갈 때 역마차를 타고 다니던 기억이 생생하다.

그러나 연이은 전지요양으로도 부족해 나중에는 무병장수한 집의 수양아들로 들어가는 것이 좋다고 해 권농동 반장 심 씨 댁 수양아들로 정해졌고 그댁 돌림자를 따 심은택(沈恩澤)이라는 이름을 갖기도 했다. 이름이 또 있다. 수복해서 보니 종로구청 호적이 폭격으로 소실돼 서울지방법원의 원본을 복사해 왔는데 일본 창씨개명으로 썼던 '기요마사'가 바뀌지 않은 채 있어 대학졸업 때 개명 소송으로 본래의 이름을 찾을 때 까지 김청정(金淸正)을 사용했다.

8.15 광복은 기뻤으나 우리 가정에는 엄청난 혼란을 몰고 왔다. 해방공간에서 30대 중반의 청년이었던 아버지는 신탁통치 찬반의 거센 돌풍에 가담하셨다. 낮에는 늘 나가 계시다가 집에는 밤에만 들어오셨는데 들어오시는 아버지 손에는 언제나 머리띠와 플래카드가 들려 있었다. 몇 차례 마포 형무소에 들어가 계셨고 재판이 있는 날 어머니를 따라 정동 법원에 가서 먼발치로 아버지를 쳐다보곤 했었다. 그때부터 혼자의 힘으로 어린 5남매를 키우시는 어머니의 마음고생은 여간 아니었을 것이다

학교 입학할 나이에도 계속 아팠기 때문에 1학년은 건너

뛰고 교동초등학교 2학년에 입학했다. 수양아들로 들어간 반장 댁의 형 한 분이 그 학교 교사로 있었기 때문에 가능했던 것 같다. 1950년, 9살 되던 해 3학년 교과서를 받아 겨우 표지를 싸 놓자마자 6.25 한국전쟁이 터졌다. 우리 가족은 피난 가지 못한 채 공산치하 3개월을 서울에서 지냈고 나는 소년단에 뽑혀 북한 노래를 부르며 위문을 다니기도 했다.

9.28 수복으로 국군이 서울에 들어왔다. 미군의 B－29 폭격기가 퇴각하는 인민군과 민간인을 가리지 않고 폭격을 했는데 아버지가 폭격의 파편을 맞아 뇌진탕으로 쓰러지셨다. 그러자 어머니가 생후 5개월 된 막내 승현이를 등에 업고 아버지를 살리려고 이리 저리 병원을 찾아 헤매는 사이 형과 누나 그리고 석현이와 나, 우리 4남매는 어머니와 헤어지고 말았다. 집에 가서 어머니를 기다리고 있었으나 어머니는 오시지 않았다.

그 이듬해인 1951년 1.4후퇴 때 형은 외할머니가 계신 충청북도 영동에 가 있으면 어머니가 그리로 오실 거라는 판단을 하고 동생들을 데리고 서울을 떠났다. 15살 난 형의 대단한 결단이었다. 다리가 끊어진 한강을 나룻배로 건너 영등포 역전에 도착해 남쪽으로 가는 화물열차를 기다리며 뜬눈으로 밤을 새웠다. 그날은 매서운 바람이 잠시도 쉬지 않았다. 잠들면 못 간다고 누나가 흔들어 깨우며 4남매가 부둥켜 앉고 화물차를 기다리던, 그 춥고 배고프고 졸리던 겨울날 밤을 잊지 못한다.

충청북도 영동군 황간면 금계리 수석, 외할머니 댁에 들어가 언젠가 찾아오실 어머니만을 기다렸다. 그러던 그해 초겨울 저녁 마침내 어머니가 오셨다. 머리에 피투성이 붕대를 감고 등에는 막내를 업은 모습이었다. 치료 한번 못 받으시고 돌아가신 아버지를 철원군 대광리 어느 산자락에 묻고 혼자 내려왔다며 목이 메어 말을 맺지 못하셨다. 자식 찾겠다는 일념으로 내려오시는데 황간역에서 기차가 서지 않자 달리는 기차에서 뛰어내렸다고 했다. 몇 번을 굴렀지만 어머니 머리만 다치고 등에 업힌 막내는 아무런 상처도 없었다.

그때로부터 남자 형제들은 할머니와 함께 두마지기 반의 농사일을 하고 어머니는 누나를 데리고 신작로에 나가 피난민 상대로 국밥장사를 했다. 그렇게 해서 6년이나 계속된 우리들의 피난 생활이 시작되었다. 전쟁이 지나간 다음 곧바로 아버지 뼈라도 모셔오고 싶어 어머니와 함께 그 장소를 샅샅이 뒤져봤으나 결국 찾지를 못했다. 6.25는 그렇게 우리 가족사에 '잊혀지지 않는 전쟁'이 되고 말았다.

영동군 황간면 금계리는 소백산맥 중앙부에 자리 잡고 있었다. 인근 백화산은 그리 험준하지는 않으나 계곡과 산등성이가 많아 북한군이 내려갈 때나 국군이 진격할 때마다 전투가 치열했던 곳이다. 산에 나무하러 갈 때면 곳곳에 임자 없는 군화나 시체의 일부분도 간혹 눈에 띄었다. 그러나 제일 무서운 건 퇴각하는 공비를 만나는 일이었다. 어쩌다 바람이 불어 나뭇잎이 흔들리는 소리만 나도 기겁을 하고 엎드렸던 일이 생각난다.

동네앞 개울 건너편 용암초등학교 4학년에 들어가 졸업했다. 면 소재지에 있는 황간 중학교에 입학해서는 20리 길을 1년은 통학, 2년은 자취를 하며 학교를 다녔는데 그때도 환절기면 어김없이 천식이 찾아와 어머니 등에 업혀 20리 길을 가기도 했다. 자취하는 동안은 토요일에 집에 왔다가 일요일에 나갈 때면 1주일 식량으로 쌀이나 보리 두되씩을 갖고 나갔는데 여름에는 쌀 한 톨도 없이 꽁보리밥을 해먹는 그런 시절이었다.

아프면서도 웅변대회는 빠지지 않고 나갔고, 방송 반에 들어가 등하교 때 '성자의 행진', '텍사스의 노란 장미' 같은 미국 행진곡을 열심히 틀었다. 남녀공학이었는데도 연극 '마의 태자'를 할 때 내가 낙랑공주 역을 맡았다. 그때 낙랑공주의 시녀 역이었던 동급생 면장 집 딸은 지금 어디서 살고 있을까, 졸업식 때 정성스레 싸인 지를 만들어 주던 2학년 여학생도 지금은 얼마나 늙었을까

분단과 전쟁으로 시작한 나그네길 이었지만 지나고 보니 감수성 많던 소년 시절 6년을 시골에서 보낼 수 있었다는 것은 내 인생에 좋은 자양분이 되었음에 틀림없다.

영광과 좌절의 mbc 15년

1957년 2월, 피난 6년 만에 서울에 올라왔다. 형과 누나가 서울에 혼자 남으신 큰어머니 도움으로 학교를 다니고 있었는데 염천교 건너 편 중림동의 자취방으로 합류했다. 얼마나 돌아오고 싶은 서울이었는데, 좁은 방이 문제가 아니었다. 그 해 중앙고등학교에 시험 봐 합격했으나 형의 대학 입학과 겹쳐 입학금 문제로 내가 양보하고 1년을 쉬었다. 아직 전쟁의 흔적이 남아 있어 어수선한 거리, 그러나 그리운 서울 시내를 틈만 나면 골목골목 누비며 다녔다.

몇 달 쉰 뒤에는 학비를 마련 한다며 건어물 행상도 해보고, 같은 충주 김씨 아저씨가 사장인 대한통운 화물트럭의 조수로 취직해 서울역 뒤에서 강원도 홍천으로 왕래하는 하역작업 일을 하기도 했다. 이듬해 봄 역시 사립학교인 보성고등학교에 들어갔는데 학교 마치고 돌아오는 길에는 소공동 중앙공보관에 들어가 정부 간행물과 게시판에 붙은 일간신문을 모조리 읽는 동안 자유당 정권의 포악정치가 눈에 들어오기 시작했다.

고등학교 3학년 때 맞이한 4.19 혁명, 그날 교문 앞에서 데모를 막은 국어선생님을 얼마나 원망했는지 모른다. 며칠 동안 집에 틀어박혀 분풀이로 신문 사진을 오려 화보를 만들고 혁명의 시발과 과정, 완성에 이르기까지의 내용을 적어 '아! 그날!'이란 스크랩북을 만들었다. 그 걸 이민봇 짐에 넣어 왔었는데 4.19 혁명 60주년이었던 2020년 서울의 국립 4.19민주묘지에 알렸더니 기증해 달라는 요청을 해와 지금 우이동에 있는 그곳 전시관에 전시되고 있다.

고려대학교에 입학해 역사공부를 했다. 고등학교 1학년 때부터 미국에서 막 돌아오신 유생론(唯生論)의 주창자 노정일 박사에게서 새로운 역사관과 세계관을 사사하며 통일에 대한 꿈을 키워나갔다. 고려대학교를 선택한 데는 '독일 학생운동사'의 저자이며 당시 월간 '새벽지'에 글을 쓰시면서 지식인의 현실참여를 독려하신 고려대학교 사학과 김성식 교수의 영향이 컸다.

대학에 들어가 1학년 때 고대민족문화연구회를 만들어 친구들과 굴절된 한국사에 관한 토론을 벌여나갔고 다른 한편으로는 고대극예술연구회에 들어가 김성옥, 여운계, 박규채, 나영세 선배 등과 함께 한때 연극 활동에 미치기도 했었다.

대학에 들어 갈 때의 생각은 대학원에 가서 공부를 더한 뒤 교수로 있으면서 신문사 비상임 논설위원을 하려던 것이었다. 그런데 대학 3학년 때 집안을 이끌던 형이 스물여덟에 갑자기 세상을 떠나 내가 그 짐을 질 수밖에 없었다. 가정교사 외에 검정고시학원 강사로도 일하며 4학년을 정신없이 다녔다.

그 다음으로 하고 싶은 직업이 방송국 아나운서였다. 1965년 6월, 3전 1승으로 mbc 아나운서 공채에 합격했다. 개국초기였던 문화방송은 자체사옥이 없어 인사동 네거리 동일가구 3층과 4, 5층을 빌려 쓰고 있었다.

아나운서 근무는 대개 낮, 저녁, 밤 시간으로 나뉘어 3교대로 일을 했다. 야근을 맡아 숙직하는 날이면 아침 방송까지 마치고 오전 9시에 퇴근을 해서는 그 날의 시간을 유용하게 활용했다. 지방사에 의무적으로 파견 근무하는 제도가 있어 전주mbc와 대전 mbc에 각각 석 달씩 가 있었는데 그럴 때 전주와 대전 근처는 안 가본데 없이 다니며 견문을 넓혔다. 대전mbc에 있을 때 한번은 황간을 내려갔는데 교통고등학교를 나와 고향 역 출찰구에서 근무하고 있던 중학교 때 마의 태자의 태자를 거기서 만나 상봉의 기쁨을 만났다.

아나운서 생활이 재미는 있었으나 창의적인 것에는 한계가 있음을 깨닫고 3년 뒤에 라디오 PD로 옮겼다. 송해, 이순주 씨와 함께 '싱글벙글 쇼'를 오랫동안 제작한 것 외에 '일요잡지', '별이 빛나는 밤에', '젊은이의 양지', '현지 르뽀 그후 그곳' 등을 만들면서 20대 후반을 열정적이고 활기차게 PD생활을 했다.

그 가운데서도 PD의 보람으로 치자면 본격 라디오 다큐멘터리 프로였던 '현지르뽀 그후 그곳'이었다. 과거 역사적인 사건이나 사고로 크게 알려졌던 장소를 찾아가 과거와 현재를 조명하고 달라진 모습을 소리로 담는 다큐멘터리였다. 이 프로를 위해 매주 초반은 지금 롯데백화점 자리에 있던 국립도서관으로 출근해 자료를 찾고 3-4일은 현지 취재를 떠났다. 다녀와서 이틀 동안은 여관방에 들어가 원고를 작성하던 일정의 연속이었는데 녹음기 하나 어깨에 메고 전국을 거의 안가본 데가 없을 만큼 돌아다닌 추억의 프로그램이었다.

1975년, 뒤늦게 TV 제작국 교양제작 차장으로 자리를 옮겨 본격적인 텔레비전 프로듀서 생활을 시작했다. 사회적인 뜨거운 이슈를 전문인 3-4명과 일반인 1-2명을 초대해 주한미공보원의 이연숙 선생의 사회로 진행하던 '터놓고 얘기합시다' 노인 대상으로 교양과 장기 자랑의 '인생은 60부터'를 거쳐 '객주'의 소설가 김주영 씨의 사회로 주부 대상 매거진 '여성 시대'를 만들었다.

1980년, 그해 봄은 유난히도 더웠다. 남도의 한 고을에서 수천 명의 민간인이 계엄군에 의해 살해되고 있다는 참상이 인편으로 계속 알려졌으나 신군부 계엄사는 언론에 재갈을 물리어 '광주'는 입에 담지도 못하게 했다. 보도국과 제작국 간부들이 모여 그 폭풍에 결연하게 대항하자며 일체의 제작 거부운동을 결의 했다.

그 일이 있고나서 한 달여 뒤에 차장급 이상의 기자와 PD들에게 사직서를 쓰라는 사장의 지시가 내려왔다. 마침내 7월 19일 방이 나 붙었고 사표 제출자 중 선별해서 mbc에서만 74명, 전국적으로 7백여 명의 언론인들이 거리로 내몰린 소위 80년 언론인 대학살이 자행되었다.

녹화한 마지막 프로그램을 운행부에 넘겨주고 나서 후배가 책상을 정리한 짐을 집으로 옮겨주는 모습을 물끄러미 쳐다보았다. 왠 짐은 그렇게 많은지… 15년 방송생활을 그렇게 허망하게 마감했다. 그리고 그 다음날 집사람과 함께 부산행 새마을호에 올랐다. 부산에서 태종대로 들어가 밤새 바닷가에 앉아 아내의 손을 잡고 닥쳐올 거센 태풍을 굳세게 이겨보자며 위로를 했다.

어머니한테는 차마 회사를 그만 뒀다는 이야기를 못했다. 3개월여를 아침 출근 시간에 집을 나와 이곳저곳에서 시간을 보내다 이른 퇴근 시간에 집에 들어오곤 했다. 그러던 어느 날 민방위대가 직장에서 동네로 배속돼 청실아파트 뒤 공터에서 집총훈련을 하고 있었는데 하필이면 그 시간에 약국에 나오시던 어머니한테 “아니, 네가 왜 거기 있니?” 하며 발각되고 말았다.

제작했던 ‘여성시대’프로그램에는 주부층이 좋아하는 가수 한 명씩을 초대해 라이브로 노래 한 곡씩 들려주는 코너가 있었다. 그런데 마지막 프로에 들어간 가수 채은옥이 부르는 ‘빗물’을 들으면 40년이 지난 지금도 가슴이 먹먹해진다. 해직언론인들은 그때 비록 역사의 비극을 막지는 못했지만 평생을 두고 불의에 항거하며 불행한 시대를 고발하는 증언자로 살아가게 된다.

젊은이의 양지에서 청파축제로

"젊은이의 양지"는 1950년대 몽고메리 클리프트와 엘리자베스 테일러가 주연했던 미국 영화 제목이다. 그 뒤로 한국에서도 TV 드라마나 영화로 같은 제목이 종종 있어왔다. 영화나 드라마가 대체로 해피엔딩은 아니었으나 동명의 mbc 라디오 프로그램 '젊은이의 양지'는 내게 있어 사랑의 열매를 맺어준 오작교 같은 프로그램이었다.

1969년부터 제작한 대학생 대상 프로그램 '젊은이의 양지'에서는 서울 시내 각 대학 방송반원을 중심으로 50여명의 대학교 통신원(리포터) 제도를 두고 있었다. 통신원들은 프로그램 제작에 협조하면서 자기 학교와 대학생 일반적인 관심사를 뉴스로 전해오고 학교 강의가 끝나면 방송국에 와서 프로그램 제작에도 참여 하면서 방송현업을 공부하는 인턴 역할도 하고 있었다. 그때 숙명여자대학교 통신원으로 국문과 2학년 이옥진이라는 학생이 있었다.

예쁘기도 하지만 풋풋한 젊음이 넘치는, 미모와 지성을 겸비한 여학생이었다. 많은 통신원을 관장했던 터라 내색은 못하고 혼자 조심스럽게 호감만 갖고 지냈다. 그런데 1970년 봄 이 학생이 숙명여자대학교 청파축제에 파트너로 나를 초청했다. 청파축제에 다녀온 뒤 오래지 않아 노총각 PD가 청혼을 했으나 꿈 많은 2학년 학생의 마음을 읽지 못한 내가 잘못이었다.

이옥진의 발길이 뜸해졌다. 그럴수록 내 마음은 온통 청파동 언덕에 가 있었다. 이옥진이 3학년이 되면서 학생회장 선거에 나가 총학생회 부회장과 문리대 학생회장으로 선출되면서 바쁘다는 이유로 방송국에도 거의 나오지 않았다. 얼굴을 못 보는 동안 나는 '젊은이의 양지'를 통해 아나운서 멘트와 그 때 유행곡 'Think Twice', 'Only You', 'Love Me Tender' 같은 음악을 선곡해 매일 전파로 연서를 띄워 보냈다. 나중에 알았지만 이옥진도 그 시간만 되면 기숙사에 가서 열심히 그 프로그램을 듣고 있었다니 이심전심이었던 모양이다.

4학년 때 이옥진이 자기가 사회를 보게된 숙대 문리대 행사초대권을 보내 주면서 우리는 다시 가까워졌다. 원래 고등학교 다닐 때부터 방송국 아나운서가 되고 싶었던 이옥진은 대학교 행사에서 자주 사회를 보곤 했었다. 4학년 2학기가 되는 1971년 8월 마침내 mbc-TV 아나운서 시험에 응모해 합격이 되면서 mbc 텔레비전에서 '아침 모닝뉴스'와 서수남 하청일과 함께 '어린이 마을'을 진행하며 한껏 방송 기량을 발휘했다.

그러나 통신원일 때도 그랬지만 같은 회사의 직원이 된 뒤로는 사내 연애를 더 조심할 수밖에 없었다. 그래서 조심해 몰래 몰래 만나면서 낮에는 정동을 빠져나와 시청 뒤에 있던 성궁 다방, 퇴근 뒤에 아내의 집이 있는 인천 가는 한진고속이나 삼화고속버스 안에서 함께 시간을 보내는 것이 대부분이었다.

동인천 역전에 혼자 내려놓기 서운할 때면 버스를 바꿔 타고 서울로 또 올라왔다 내려가기를 반복하고, 버스가 끊어지고 통금시간이 임박해지면 신촌에서 출발하는 비행기 속도 수준인 경인간 총알택시를 이용하기도 하였다.

큰일날 뻔한 사고가 한번 있었다. 1972년 12월 2일, 그날은 mbc 개국 11주년 되는 날이었는데 방송국은 해마다 이날 서울 시민회관(지금의 세종문화회관)에서 10대 가수 청백전을 벌였다. 이날도 남진, 문주란 등 인기가수들이 노래를 부르는 동안 편성부차장인 나는 직원들과 함께 무대 뒤에서 관객들이 당일 입장하면서 투표한 용지와 미리 도착한 엽서를 합산해 인기순위를 정하는 작업을 하고 있었다.

그럴 때 갑자기 무대 뒤에서 펑하는 소리가 나더니 조명장치가 터지면서 불길이 객석으로 불어 닥쳤다. 출입문을 향해 돌진하면서 객석에 와 있기로 했던 이옥진을 찾아 헤맸다. 다행히도 얼마 뒤 객석 뒷편에서 무사히 만나 안도는 했으나 그날 사고는 50명이나 넘는 사망자가 발생했던 큰 화재사건이었다.

그 일이 있고나서 이듬해 1973년 1월 9일 우리는 방송국 동료들이 축하해 주는 가운데 시인 박목월 선생의 주례로 정동 mbc 홀에서 결혼식을 가졌다. 청파축제의 인연이

정동축제로 이어진 것이다. 그 당시에는 여자 아나운서는 결혼하면 회사를 그만두겠다는 각서를 쓰고 입사했기 때문에 아내는 아쉽게도 2년 만에 방송국을 떠났다. 겨우 24살 된 아내를 봐서는 방송을 더 하게 해줬어야 하는데, 내 나이만 생각한 것이어서 미안한 생각이 들 때가 많았다.

신혼생활은 방송국 다니면서 처음 장만한 마포구 용강동 시범아파트의 방 세 개짜리의 좁은 아파트에서 어머니와 두 동생과 함께 시작했다. 불편한 점이 많았을 것이나 맏아들한테 시집 온 맏딸인 아내는 용케도 잘 참아가며 평온한 신혼생활을 꾸려 나갔다.

아내는 1949년 8월 28일 인천시 동구 금곡동에서 한산이 씨인 아버지 이희복 씨와 어머니 최희분 씨 사이에 두 딸 가운데 맏딸로 태어났다. 장인어른 이희복 씨는 오랫동안 병참장교로 복무하시다가 전역하신 뒤 비교적 유복한 가정을 꾸려 딸 바보로 지나셨다. 아내는 창녕국민학교와 인천여중 인일여고를 졸업하고 대학 시험 보러올 때 서울을 처음 와볼 정도로 순박한 인천여자였다.

결혼한 그해 11월 첫 아들 수환이를 낳은 뒤 1975년 자칫 더 이상 임신 못 할른지 모르는 어려운 수술도 있었으나 다행히 세 살 터울로 딸 수연이를 낳아 1남 1녀의 아이들을 키웠다.

출산장려를 국가적 사업으로 하고 있는 지금의 세태와는 격세지감이 들지만 그 때는 '아들 딸 구별 말고 둘만 낳아 잘 기르자'는 산아 억제 정책이 있었다. 심지어 불임시술을 받은 사람에게는 주택공사 아파트 청약권을 주었는데 나도 그 불임대열에 합류했었다. 마음이 약한 어떤 선배는 몇 차례나 보건소가 있는 영천근처까지 갔다가 되돌아오는 일도 있었고 어렵게 결행한 어떤 동료는 허술한 시술로 아내가 임신을 하자 그만 가정불화를 자초한 경우도 있었다.

불임시술 증명서가 동기가 되어 아내는 반포 3단지 주공아파트로 시작해서 강남의 아파트를 옮겨 가며 집을 늘려가는 수완을 보였다. 몇 번을 옮겨 다닌 끝에 지금은 강남의 복판이 되었지만 그때는 주변 논두렁에서 개구리 울음소리 요란했던 신 개발지역 대치동의 청실아파트로 35평까지 옮겨왔다. 동생(옥선)도 같은 청실아파트에서 지냈다.

수환이는 아파트 단지 내 새로 생긴 대도국민학교에 1학년에 들어갔고 세 살 터울인 동생 수연이와 사이좋은 오누이로 자랐다. 두 아이들 데리고 큰 걱정 없이 지나던 결혼생활 7년 만에 불어 닥친 해직 통보, 그리고 기약 없이 이어진 해직자 생활은 순전히 나의 업보였으니 나야 감수한다 하더라도 30대의 젊은 나이인 아내에게는 너무나 감당키 어려운 시간이었다.

어떻게 살아야 하나.

방송국 PD 경력으로는 어디 알아 볼 곳도 마땅하지는 않았으나 더 큰 이유가 있었다.

40/40 절반의 세월 속에서

당시 전두환 군부는 젊은이들을 직장에서 강제로 몰아낸 뒤에도 탄압을 멈추지 않았다. 강제해직시킨 명분을 만들기 위해 이번에는 보안사령관 노태우 이름으로 소위 '사회혼란을 예방하기 위한다'며 해직 언론인이나 해직 공직자는 누구도 유사직종에 취업을 시켜서는 안 된다는 지시를 내려놓고 있었다,

직장을 알아 볼 길마저 막힌 해직동료들은 그 무렵 충무로 극동빌딩 맞은 편 한국음악방송에 모여앉아 무료하게 시간을 보내고 있었다. 그런데 어느 날 반가운 소식이 전해졌다. 미국에 가있는 나수성 선배가 유학길을 알선해줄 수 있는 길이 있으니 미국에 와보라는 것이었다.

어렵사리 가족까지 다 비자를 얻은 뒤 1981년 6월 28일 내가 먼저 출발했다. 언제 다시 만날까 싶은 어머니와 누님과 동생들과의 작별로 김포공항을 눈물바다로 만든다.40년 동안 살아온 조국을 그렇게 황망하게 떠났다. 그러면서도 비행기 트랩에 오르기 전까지 보안사에서 쫓아올 것만 같은 불안감도 있었다.

LA공항에 마중 나온 대학 동기 최정조 의 환영을 받으며

친구의 집인 토랜스 콘도 하우스에 짐을 풀고 친구가 치밀하게 짜놓은 계획표에 따라 움직였다.1주일 안에 자동차 면허 따고, 포드 LTD 8기통 중고 자동차 사고, 바로 옆 동네 로미타에 아파트 구하고, 가구 들여 놓고, 그리고 나서 20일 뒤인 7월 17일에 예정대로 아내가 아이들과 함께 무사히 도착해서 합류했다.

그때로부터 8살짜리, 5살짜리 아이들을 학교 보내랴, 내 대학에 등록하랴, 직업 알아보랴 조용히 앉아 있을 겨를이 없었다. 떠나올 때 이원재 선배가 소개해준 배함덕 선배를 만나 그 선배의 도움을 받게 된 것은 큰 행운이었다. 배 선배가 Ch. 22에 토요일 시간을 얻어 서울 드라마와 로칼 뉴스를 방송하는 TV－Korea에 첫 직장을 얻었고 거기에서 노동허가를 신청하는 기회도 얻었다.

방송국에 나가는 나머지 시간에는 파트타임으로 South LA 지역에서 주유소 일을 했고 밤에는 힘들어 오래 못 했지만 토런스 올드 타운 몰에서 밤 청소를 하는 사이 아내는 동네 햄버거 가게 종업원으로 나가기도 했다.

미국 온지 꼭 2년 만에 영주권이 나와 1983년 6월 13일 mbc동료들을 초청해 집에서 잔치를 벌였다. 그해 7월 막내 동생 승현이의 결혼식 참석을 위해 떠나온 뒤 처음으로 서울을 다녀왔다. 그리고 나서 이제는 무슨 생업을 해야겠다 싶어 이것저것 물색하던 끝에 엘 카미노 칼리지 앞에 'Tommy's Pastrami'라는 샌드위치 숍을 덜컹 사버렸다.

이민자들의 공통된 애환이지만 경험도 없는 장사를 할

수는 있지만 처음 해 본 일들에 너무 힘이 들었다. 방송국 나가는 일로 나는 가게를 자주 비워 아내가 주로 일을 했는데 샌드위치만 만들어 팔다가 매상 올리겠다며 데리야끼를 추가하는 바람에 아내에게 더 큰 고생을 시켰다. 나중에 서울에서 장인 장모님이 오셔서 도와주시는 힘이 컸으나 수고하는 것에 비해 장사는 시원찮았다.

그러던 중 서울 mbc 로부터 복직통보를 받는다. 9년 만에, 그것도 해외에까지 나와 있다 복직이라니, 기쁨 반 서러움 반이었다. 그러나 고등학교 다니고 있던 아이들이 따라가지 않겠다고 해서 아내와 세 식구를 두고 혼자 떠났다. 1989년 2월, 5명의 해직동료들과 함께 가볍지만은 않은 그 길을 떠났다.

서울에 돌아와 명예를 회복할 수 있겠다는 사실과 어머니와 가까이서 지나게 된다는 일이 감격스런 일이었으면서도 이산가족으로 사는 일이 쉽지는 않았다.

명예 회복한다는 일도 그렇게 두부모 자르듯 간단치가 않았다. 이제는 됐다 싶어 3년을 겨우 채우고 1992년 5월 다시 미국으로 돌아온다.

아내는 그사이 라디오 코리아의 아나운서로 있었고 나도 돌아와 미주한인방송(지금의 라디오 서울)에서 보도 책임자로 잠시 있었다. 그러다가 아내와 함께 롱 비치에서 'One Hour Photo Shop'을 운영했고 김대중 정부가 들어 선 뒤인 1999년 12월 서울 mbc 선배들의 지원으로 'YK Media' 회사를 설립하고 오렌지카운티와 북가주 일원의 mbc 비디오 총판을 6년 동안 맡게 되었다.

미국에 도착해 그 다음 주부터 가까운 곳의 한인 감리교회를 나가 집사 권사 장로의 직분을 맡아가며 신앙생활을 하면서 힘든 이민생활을 이겨내고 아이들도 교회의 울타리 안에서 걱정 없이 키울 수 있었던 것은 내게 있어 큰 축복이었다.

교회 안에 '무궁화 한글학교'를 설립해 9년 동안 교장을 맡아 이민자 자녀들에게 모국의 언어와 문화를 가르치는 일로 봉사를 했는데 토요일 하루는 반드시 부모들이 자녀들과 한국어로 대화하도록 가르쳤으며 남가주 한글학교 글짓기대회나 동요 부르기 대회에 아이들을 빠지지 않고 참가시켰다. 그런 과정을 통해 자녀들이 조금씩이나마 한국어에 익숙해지고 한국문화에 긍지를 느껴 가는 모습이 대견해 보였다. 교회를 옮겨서는 교인 간의 공감과 소통을 위해 교회신문을 창간했고 교인들의 문학모임을 이끌기도 했다.

아들 수환(Brian)이와 딸 수연(Marianne)이는 같은 고등학교에서 돌아가며 학생회장을 하며 좋은 성적으로 다녔다. 둘 다 USC를 졸업하고 나서 수환이는 회사에서 경영자로 일하면서 2004년 약사인 가희(Emily)와 만나 민재(Austin), 단비(Holly) 1남 1녀를 두었다. 수연이는 뉴욕으로 가 컬럼비아 대학원을 다닌 뒤 거기서 변호사인 우석이를 만나 2005년에 결혼해 1남으로 진우(Dylan)를 두었고 맨해튼에서 'O.T Clinic'을 운영하고 있다.

아이들을 위해 미국에 잘 왔다싶으면서도 본인의 의사에 관계없이 낯선 땅에 옮겨온 것에 미안한 마음이 들 때도 있었다. 힘든 이민생활에서 바쁘다는 핑계로 부모로서 큰 우산이 되어주지도 못했는데 저희들끼리 잘 성장해준 아이들이 자랑스럽고 대견하다. 전두환 군부에 고마워 할 일도 있다. 청년기에 들어서면서 나한테서는 없어진 기관지천식이 대를 이어 아들한테 나타나 한국에서 살던 8살까지 환절기마다 고생을 시켰었는데 미국에 오면서 놀랍게도 온데 간 데 없어진 것이다. 환난 중에 베풀어 주신 하나님의 은혜로 생각한다.

여행을 많이 다닌 편이다. 집사람과 함께 다녀온 동구라파 여행과 여름의 캐나다 록키산맥과 가을의 단풍여행으로 퀘백과 몬트리얼 그리고 미국 동부지역을 골고루 찾아 다녔다. 두 아이들 결혼 직전에는 4명의 김 씨 가족이 이태리 전역을 여러 날 동안 여행했다. 2019년 4월에는 두 아이들의 가족이 함께 시간을 만들어 하와이 마우이 섬에 여러 날 머무르며 9명의 김씨가족 전체단합대회를 벌였다.

정확하게 인생의 절반을 미국에서 보낸 이민생활은 고단하지만 보람도 컸다. 아이들을 다 출가시킨 뒤로 노년을 여유 있고 즐겁게 보낼 길이 없을까를 찾다가 형제처럼 지내는 세 사람이 연말이면 '방탄노년단'이라는 이름으로 친구들 모임에 공연을 하러 다니기도 했다.

"가다가 힘들면 쉬어 가더라도 손잡고 가보자 같이 가보자'

우리 방탄노년단의 인생곡이다.

평화여 오너라, 평화여!

1984년 봄 TV－Korea 배함덕 사장과 함께 인터뷰를 위해 월셔, 노르만디에 있는 호텔로 김대중 선생을 찾아 갔다. 1982년 겨울 가족과 함께 미국 워싱턴으로 망명 온 김대중 선생은 이듬해 7월 한국인권문제연구소를 만들어 미국을 비롯한 전 세계에 전두환 정권의 인권탄압을 알리고 한국에 민주주의 회복을 호소하기 위해 여러 날 동안 강연활동을 벌이고 계셨다.

그런데 '처음 뵙습니다' 하고 인사를 하자 얼굴을 쳐다보던 김대중 선생이 '우리 초면이 아닌데' 하시는 것이었다. 오래 전인 1970년도 mbc 신년 특집으로 '70년대를 움직일 사람들'을 제작하던 69년 12월 초순, 내가 아나운서를 대동하고 동교동을 방문해 프로그램을 만들었던 일을 기억하신 거다.

동교동 취재 이후 나는 김대중 선생의 강연회나 선거유세에 거의 빠지지 않고 찾아다녔으나 직접 만나본 일은 없었는데 15년 전을 기억하시다니—하루에도 숱하게 많은 사람을 만나시는 분의 그 비범한 기억력에 압도 되고 만다. 이렇게 만난 김대중 선생과의 두 번째 조우는 내 인생의 여정에 그분의 지표인 '행동하는 양심'이 채찍처럼 따라 다녔다.

나는 곧바로 강대양 사장과 배연원 박사 그리고 이선주 목사 등 한국인권문제연구소 선배들과 교분을 가지면서 전두환 군부 타도 운동의 대열에 참여한다. 전두환 정부가 KBS의 진출을 위해 여기서도 방송통폐합을 강행하자 배함덕 선배가 주도해 연방통신위원회(FCC)로부터 유리한 판결을 받아냈는데 강대양 사장이 투자해서 자유한국방송(Free Korea Network)을 시작해 내가 앵커를 맡았다.

그 때는 한국에서 1987년 4월 4.3 호헌조치가 발표된 뒤 대학생들과 넥타이 부대들이 거리로 쏟아져 나와 직선제 개헌과 전두환 퇴진을 요구하며 시민들의 봉기가 절정을 이루던 시절이었다. 같은 Ch 18에서 KBS현지 지사인 KTE가 밤 10시 30분부터 '한국은 평온한 가운데 전두환 체제가 잘 유지되고 있다'는 내용의 한국소식을 전하고 나면 11시 시보가 울린 뒤 자유한국방송의 뉴스가 서울 CNN 현지 취재와 민추협인사들과 전화연결을 해 가며 시민들의 함성이 요란한 현장 뉴스를 생생하게 전했다.

밤늦은 시간에 같은 채널의 앞뒤로 편성된 너무 판이한 뉴스는 시국을 걱정하는 동포들은 물론이지만 단순한 흥미로도 더 할 데가 없었다. 그래서 그 시간만 되면 잠을 쫓아가며 열광해주던 동포들이 있었고 꼬깃꼬깃 푼돈 들고 와 전파료에 보태 쓰라고 성원해 주던 노인아파트 할머니들과 올림픽 마켓 정육점 아저씨들, 옷 좀 바꿔 입고 방송하라며 새 양복을 선물해주던 양복점 사장, 손 편지를 자주 보내주며 격려해주시던 김상돈 시장의 사모님 등이 기억난다.

그러나 자유한국방송은 그해 6월, 절정을 이루었던 6월 항쟁 과 1987년 12월 16일 대통령 선거 소식을 끝으로 방송국의 문을 닫았는데 3당 야합과 노태우를 뽑은 결과에 실망했지만 실은 할 일 다 했다는 성취감도 컸기 때문이었다.

복직으로 서울에 갔다가 3년 만에 돌아온 뒤로 1996년 한국인권문제연구소 LA지회장을 맡아 김대중 대통령의 첫 번째 수평적 정권교체를 위해 힘을 쏟았다. 1998년 12월 선거일에는 인권문제연구소 전 임원이 서울에 가서 개표를 지켜봤는데 밤 11시가 넘어 당선이 확정되던 시간, 일산으로 찾아가 김대중 대통령과 얼싸안고 춤을 추던 감동이 주마등처럼 떠오른다.

2000년 6월 15일 남북정상회담에 이어 2002년 10월 금강산 방문을 거치면서 민주화운동은 평화운동으로 전환된다. 민주평통 협의회와 6.15 실천위원회, 민화협 외에 순수동포시민단체로 한미평화협회와 한민족평화연구소, 해외민주통일연대를 설립해 동료들과 함께 평화운동을 전개해 나가는 한편, 2007년부터 미주중앙일보와 미주한국일보에 시사평론으로, 라디오코리아 등 방송에서는 시사해설가로 출연하며 평화담론을 펴나가고 있다.

해외 다른 국가의 동포들과도 잦은 연대를 펴 나갔다. 이창주 교수가 설립한 국제한민족재단 이사로 참여해 한반도통일과 연관 돼 있거나 해외동포들이 많이 거주하는 베

클린, 워싱턴, 뉴욕, 뱅쿠버, 베이징, 도쿄, 모스크바, 상트페테르부르크 지역을 다니며 현지 인사들과 한국에서 온 교수들과 함께 '세계한민족 포럼'을 펼쳐 나갔다.

2007년에는 문동환 목사님을 모시고 6.15 공동선언 7주년 기념 평양 민족축전에 참가해 남, 북, 해외 동포들이 머리를 맞대고 민족의 염원을 숙의했었고 평양 고려호텔에서 문동환 목사님이 이끄시는 예배에 대표기도를 맡기도 했다.

2008년 여름은 너무 야속한 해였다. 그해 5월 에는 노무현 대통령, 8월에는 김대중 대통령의 부음이 들려왔다. 그분들을 따라 조국의 민주화에 평생을 걸어왔던 이 곳 남가주 동포들의 허전함은 이루 말할 수가 없었다, 석 달 사이로 연이어 남가주추모위원회를 만들고 위원장을 맡아 일하면서 그분들이 남기신 훌륭한 발자취를 오랫동안 가슴에 담기로 마음들을 달랬다.

세월이 지나가면서 이 땅에서 민주화운동과 통일운동, 평화운동을 선도하며 후배들을 이끌어주시던 분 들 중에 세상을 떠나신 분들이 많다. 문동환 목사, 김영철 목사, 이선주 목사, 선우학원 박사, 고 원 박사, 배 연원 박사, 강대인 박사, 최병구 씨 그리고 개인적으로 늘 아낌없이 후원해주시던 고려대학교 배함덕 선배, 이원재 선배, 김두만 선배가 그리워진다.

선배들 떠난 자리에 공백이 너무 컸으나 신필영 위원장과 차종환 박사, 정창문 법사님이 그 자리를 메꿔 주시는 가운데 자주 만나고 이야기 나누며 앞에서 실행해주는 든

든한 후배와 동료들이 있어 외롭지가 않다.

2020년 봄부터 1년 넘는 기간 동안 경험한 코로나 19 펜데믹에서는 잃은 것이 많았지만 얻은 것도 적지 않았다. 사회적 거리 두기라는 생경한 방식 속에서 가족과 이웃에 대한 뼈저린 소중함과 전 인류가 하나로 연결돼 있음을 깨달으며 이웃을 향한 연민과 감사의 마음을 배운다.

롱비치 항구가 보이는 바람이 시원한 지역의 묘지 그린 힐스에는 여기서 돌아가신 장인, 장모님과 서울에서 돌아가셔서 화장해 모셔온 어머니 등 부모님들이 누워 계신다. 뒤늦은 나이에 이민을 와 이 땅에서 힘들게 뿌리 내려가고 있는 후손들을 흐뭇한 마음으로 지켜보고 계실 것으로 믿는다.

가훈으로 '사랑과 정의'를 정해 놓고 아이들에게 일러왔다. 어쩌면 모순돼 보이는 두 가지 덕목은 실은 내게 일러주는 목표이자 경구(警句)이기도 했다. 부실했던 내 삶 속에서 이루어 놓은 일이 없다 하더라도 후반전 40년이 끝나고 얻은 인생의 연장전에서는 평화와 사랑과 정의가 더욱 넘쳐나기를 바란다.

분단 된 조국이 하루 빨리 화해와 통합의 길로 들어서고 이 땅 어디서나 전쟁과 갈등 대신 평화가 넘치는 세상이 다가 오기를 간절히 소원한다. 평화여 오너라, 평화여!

김용현(Yong Hyun Kim)의 연보

생년월일 : 1941년 9월 23일

본　　적 : 서울특별시 종로구 충신동 5의 52

주　　소 : 720E. Carson St. # 326

Carson, CA 90745 U. S. A

Ph. 213-300-1115

E-mail: yongkim923@gmail.com

학 력

1957.3 충북 영동군 황간면 황간중학교 졸업

1961.3 서울 보성고등학교 졸업

1965.3 고려대학교 문과대학 사학과 졸업

현 재

2008.4부터 한민족평화연구소 소장

2019.4부터 해외민주통일연대 상임 대표

2019.2부터 5.18 재단 LA 상임 고문

2020.7부터 미주한국일보 고정 집필자

경 력

1965.6 문화방송 입사

1975.10 문화방송 TV제작3부 차장

1980.7 5.18 후 제작거부운동으로 전두환 군사정부에 의해 강제해직

1981.6 가족과 함께 유학으로 이민, Los Angeles에 정착

1982.5 Los Angeles TV－Korea(Ch.22)편성국장 겸 앵커

1987.3 자유한국방송(Free Korea Network Ch.18)앵커

1989.3 9년 만에 문화방송 복직, 교양제작국 제작위원

1992.5 의원사직, 다시 미국으로 돌아옴

1992.5 미주한인방송(KCB) 해설주간

1996.6 김대중 대통령 설립 한국인권문제연구소 LA지회장

1999.8 YK 미디어 대표

2001.9 민주평통 LA협의회(10기) 부회장

2002.10 LA 평통 금강산 관광단장으로 금강산 방문

2003.3 한미평화협회 창립 초대 회장

2003.5 워싱턴 세계한인지도자포럼 참가

2005.7 대한민국조찬기도회 남가주 지회장

2007.3 민족화해협력미주한인협의회 상임대표

2007.6 6.15 공동선언 7주년기념 평양민족축전 참가

2008.9 미주 중앙일보 시론 고정 집필자

2009.5 고 노무현 대통령 남가주추모위원회 공동위원장

2009.8 고 김대중 대통령 남가주범동포추모위원회 위원장

2009.10 6.15 공동선언실천 미국서부위원회 위원장

2013.5 이민 110주년 기념 미국대륙횡단 동행 취재
2016.3 라디오코리아 시사프로 고정 평론가
2018.6 민주평통 LA협의회(18기) 상임 고문

세계한민족포럼(국제한민족재단 주최)
2003.4 독일 Berlin 대회 참가
2004.9 미국 Washing DC 대회 참가
2006.6 러시아 Moscow대회 참가
2007.5 중국 Beijing 대회 참가
2008.6 일본 Tokyo 대회 참가
2013.6 캐나다 Vancouver 대회 참가

포 상
2001.3 민주화운동 관련자(민주화운동명예회복 및 보상심의 위원회)
2002.12 대통령(김대중 민주평화통일협의회 의장) 표창

저 서
자식에게 남기는 이야기(1991)
멀리서 가까이서(1992)
고향이 어딥니까(2001)
신세대를 위한 통일이야기(2004) 공저
평화로 가는 길(2021.8)

논 문

민족공동체 형성을 위한 한민족의 과제(2008)

한미동맹 60주년의 반성과 미래과제(2013)

자주외교와 한반도의 미래(2020)

유년 시절에서부터

백일기념 가족사진-28세 동갑이신 부모님과 누님(5살, 가운데), 형(6살)

피난시절에 다닌 충청북도 영동군 황간면 용암초등학교 졸업식,
가운데 줄 왼쪽에서 세 번째가 필자(1954.3)

충청북도 영동군 황간중학교 3학년 때 연극 '마의 태자'
서 있는 앞줄 왼쪽에서 다섯 번째, 낙랑공주 역(1956년)

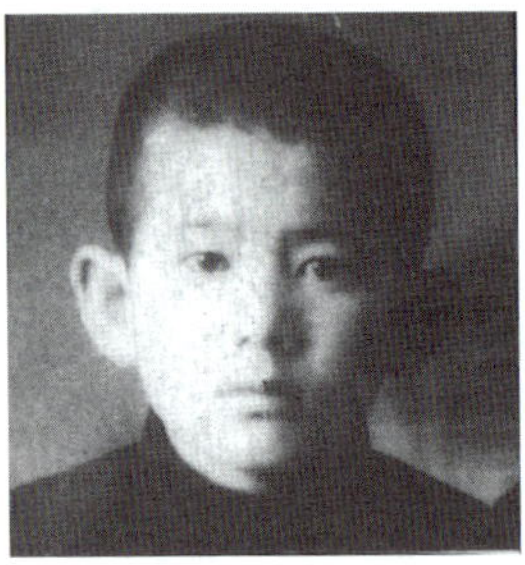
용암초등학교 6학년(1954)

황간중학교 3학년(1957)

보성고등학교 3학년(1960)

고려대학교 4학년 졸업을 앞두고(1965.1)

고려대학교 입학 30주년 모교방문기념 1991. 10. 19

고대 모임

사회활동 중에서

전두환 군부에 대항해 설립한
자유한국방송의 앵커
(Free Korea Network, 1987년)

개국 두달 「자유한국방송」의

'잠 좀 자야겠는데 이방송 와이리 좋노'

'역사의 편에서 진실 알린다' 모토
한국사태 따라 시청율 폭발

자유한국방송의 폭발적인
시청률을 보도한 신문기사

윤공희 광주교구 대주교 LA 방문,
5.18 광주참상에 관한 대담(1982.2)

자유한국방송에 출연한
이희호 여사(1987.5)

해직방송인 김용현씨 복직되어 감격스런 귀국

사우스베이 지역에서 오랫동안 우리 이웃처럼 친숙하게 지내던 해직 방송인 김용현씨가 일단 이민생활을 청산하고 옛 일터인 MBC로 원대 복귀하였다.

김용현씨는 가디나 Crenshaw Blvd와 Redondo Bch. Bl. 코너, El Camino College 앞에서 샌드위치가게를 경영하는 동안 그리고 사우스베이와 이웃동네인 파라마운트에서 1 Hour

들에게 한국의 마음을 심어주기 위해 힘써왔다.

특히 1987년 1년간 한국에서 민주화의 물결이 드높을때 KBC의 전신인 자유한국TV방송에서 남가주 일대의 민주화를 염원하는 수많은 교포들의 기대를 젊어지고 단정한 가운데 한결같은 뜨거움을 화면을 통하여 보여주던 김용현씨의 모습이 눈에 선하다.

김용현씨가 일찍기 몸 담고 있던 것은 서울 문화방송, TV제작국 차장으로 있다가 이른바 언론 대학살 사건에 휩싸여 해직당하여 본의 아니게 미국에서 이민생활을 하게 되었던 것이다. 그동안에 9년.

그는 이제 「다시는 언론 탄압의 불행이 없기를 바란다」고 말하면서 가족을 미국에 두고 단신 귀국길에 오를것이다.

서울로 떠나기 전 김용현씨는 코리언뉴스에 전화를 걸어

mbc 복직이 결정된 뒤에 나온 일간지 신문기사(1989.2.27)

미주 김대중 대통령 후보 후원회 발대식(1997.6)

김대중 대통령 노벨평화상 수상 1주년 기념식 (2001.12.10.)

노무현 대통령 후보 필승대회(2002.12)

고 3때 4.19혁명의 전모를 모아 만든 스크랩 북
"아, 그날!" 지금 서울 수유동 국립 4.19 민주묘지
전시관에서 전시되고 있다.

5.18 39주년 행사 중, 가두행진 참가(2019.5.18)

미국에 대하여 정전협정을 평화협정으로
바꿀 것을 촉구하며(2019.7.27.)

세계한민족 포럼 워싱턴 대회(2004.9)

러시아 모스크바 대회(2006.6)

중국 베이징 대회(2007.5)

일본 도쿄 대회(2008.6)

미주동포 통일 강연회(2001.11)

여성의 역할을 위한 세미나(2003.5)

한미 관계 발전에 관한 강연(2003.2)

한반도평화, 어떻게 되어가나(2004.3)

자주외교와 동맹외교 사이에서,
평통자문위원 강의(2019.2)

통일시대를 준비하는 언론 세미나(2001.10)

라디오 코리아 '시사포커스' 생방송을 마치고
왼쪽부터 공화당 진교륜 박사, 최영호 앵커,
필자, 강석희 전 얼바인 시장(2018.8)

KTE-TV 이진호 기자와 야외 인터뷰(2002.7)

평양에서 열린 6.15 7주년기념 민족단합대회 참가(2007.6)

해외민주통일연대 창립식(2019.4)

왜 진보평화세력이어야 하나, 대토론회(2020.2)

무궁화한글학교 졸업식(1986.6)

무궁화 한글학교 교장으로 있던 시절,
선생님들과 함께(1995.3)

방탄노년단 연말 공연, 인쪽부터 정창문, 정찬열,
필자(2019.12 오렌지카운티 한인회관에서)

가족과 함께

아내 이옥진의 MBC 아나운서 시절
(모닝뉴스를 진행하던 1972년)

어린이 마을 MC, 서수남, 하청일과
함께(1972)

아내의 백일 사진,
아버지 이희복 씨,
어머니 최희분 여사(1949)

시인 박목월 선생의 주례로
mbc 홀에서 결혼식(1973.1)

서울에서 1남(수환) 1녀(수연)와
함께(1980.5)

이민초기 LA남쪽 Lomita 시에
자리잡고 나서(1981.8)

결혼전 두 아이들 데리고
이태리 1주간 여행(2003.5)

수환이와 Emily 결혼식
(2004.10 헐리웃 제일장로교회)

수연이와 우석 결혼식
(2005.7 닉슨대통령 라이브러리)

첫 손자 민재가 집에 처음 오던 날
(2010.8)

손주 3명, 오른쪽부터 김민재(Austin),
노진우(Dylan), 김단비(Holly)(2021 여름, 뉴저지에서)

아들 딸 전 가족 9명이 하와이 마우이 섬에서 단합
대회를 열었다(2019.4).

서울에 다니러 갔던 날 공항에 나오신
어머니와 두 동생(왼쪽 두 번째 누님,
막내 동생, 어머니, 큰 동생)(1986.7)

손녀 딸 결혼식에 참석하러 서울에
가셨던 장모님과 두 딸(2012.1)

지금은 다 고인이 되신 어머니와 장인
어른, 장모님이 산타 바바라 솔뱅에서
동심으로 하루를 보내시던 날(1993.7)

남도 여행길에 해남 땅끝마을
에서(오른쪽부터 동서 조영모,
처제, 장모님, 아내)(2016.4)

집 근처 태평양 바닷가에서,
세월의 한 구비가 파도에 실려나가는 것을 본다(2020.10).

김용현의 평화로 가는 길

초판 발행　2021년 7월 26일

지은이　김용현
펴낸이　안종만

편　집　배근하
기획/마케팅　노　현
표지디자인　박현정
제　작　고철민·조영환

펴낸곳　도서출판 박영사
경기도 파주시 회동길 37-9(문발동)
등록 1952. 11. 18. 제406-3000000251001952000002호(倫)
전　화　02)733-6771
f a x　02)736-4818
e-mail　pys@pybook.co.kr
homepage　www.pybook.co.kr
ISBN　978-89-10-98023-0　03340

정 가　17,000원